学級集団づくりのゼロ段階

[Q-U式学級集団づくり入門]

河村茂雄 [著]

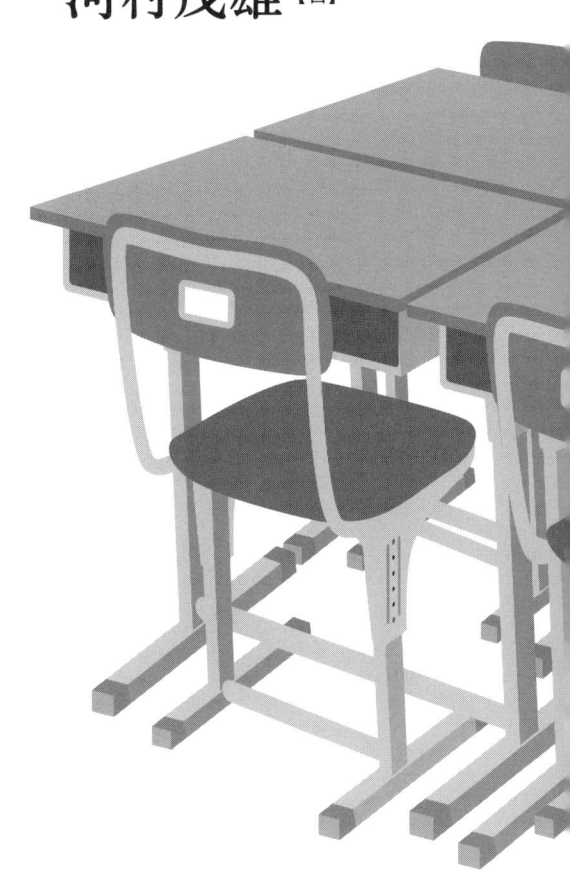

図書文化

まえがき

　首都圏や近畿圏を中心に，大量の新規教員採用が続いています。このような中で，学級経営に関して，知識だけではなく，具体的に対応できる最低限のスキルを身につけている教員の養成を，大学は強く求められるようになってきました。学級経営とは，教科教育と生徒指導や教育相談などのガイダンス機能を統合させ，学級という集団を形成しながら教育を行っていく総体です。
　しかし，学級経営で苦戦しているのは若い教師だけでしょうか？
　私はこれまで多くの学級経営をリサーチし，全国の教育サポートをしてきましたが，私が関わっている全国の教育委員会の方々のお話を伺うと，中堅やベテランと言われる教師たちも，かなり苦戦しているのが実態のようです。
　学級経営に悩んでいる教師たちのサポートをしている中で，多くの先生方が次のように語るのを聞くにつれ，私は大きな教員養成の問題を感じています。
　曰く，「学級経営がうまくいかず，授業や集団活動が騒然となっている日々が辛い」。そして，「校長先生，副校長先生，学年主任，仲のよい先輩教師たちはそれぞれに親身になってアドバイスをしてくれる」。しかし，「それらのアドバイスが先生ごとにみんなバラバラで，私は何をすればよいのか，余計に分からなくなってしまった」と。
　そうなのです。現在の日本の教員免許の中に学級経営に特化した単位はないのです。
　大学の教職課程で学生たちは，「教科教育法」「生徒指導」「教育相談」などの科目をそれぞれ独立して教えられますが，学校現場ではそれらを統合させて，学級の児童生徒の実態を押さえて適切に臨機応変に展開していきます。ところが，学生たちが習得した知識や技能を「統合的に実態に応じて適切に展開する力」を身につけるための学習は，2，3週間の教育実習があるのみで，それをもって学級経営の力

が一応身についたと見なされるのです。どう統合して適切に展開するのか，集団づくりをしていくのかという「学級経営」に該当する独立した科目は，ありません。

　「学級経営はすべての教育実践の基盤をなす」と言われてきましたが，日本の教師たちは学級経営の展開について，体系的な理論とそれを具現化するスキルを，養成課程で教わっていないのが実態です。2，3週間の教育実習で得られるものは，それは「体験学習された」と了解された形だけのもので，極端に言えば，日本の教師たちの実質的な学級経営は，自分がかつて生徒だったときの教師のやり方，最初に赴任した学校の周りの教師のやり方を，自ら取り入れ形作った「自己流」ではないでしょうか？

　教員免許制度の下，すべての教師が大体同じような学級経営をしているだろうと，多くの教師たちは思うでしょうが，実は，かなり個人差があるのです。

　本書は，各教師がそれぞれの教育観をもとに学級経営をしていく際に，すべての教育実践の基盤となる「学級集団づくり」を，最低限，どのような状態を目標に，どのような方法で進めていくのかを，提案したいと思います。

　本書を多くの先生方に手にとっていただき，学級経営のたたき台にしていただければ幸いです。

　　2012年1月

早稲田大学教育・総合科学学術院教授
博士（心理学）　河村茂雄

＊本書は，文部科学省の科学研究費補助金・基盤研究(C)課題番号21530703を受けた研究を基にして作成された。

目次

学級集団づくりのゼロ段階
学級経営力を高める　Q-U式学級集団づくり入門

まえがき　P.3

第1章　学級集団づくりのゼロ段階とは　P.9〜

1. 日本の学級集団の特徴から見えてくるもの
2. 理想の学級集団の状態と目安
3. 教師が学級経営に取り組む流れ
4. 学級集団づくりのゼロ段階

第2章　学級集団づくりの最低限！ゼロ段階を達成するためのスタンダード　P.35〜

1. 学級集団づくりの大きな流れと目安
2. 「混沌・緊張期」の達成　〜ルールの設定
   STEP UP　「混沌・緊張期」を支えるソーシャルスキルの指導
3. 「小集団成立期」の達成　〜ルールの定着
   STEP UP　「小集団成立期」を支えるソーシャルスキルの指導
4. ターニング・ポイント　〜ここでこれが大事!!
5. 「中集団成立期」の達成　〜ルールの内在化・習慣化
   STEP UP　「中集団成立期」を支えるソーシャルスキルの指導
6. ゼロ段階達成後　〜全体集団成立期・自治的集団成立期
7. 「自治的集団成立期」を達成した学級は…
8. 6月に学級集団の状態をチェックしよう

第3章　ゼロ段階に留まっている「かたさの見られる集団」の突破　P.71〜

1　かたさの見られる集団のリスク
2　リスクに繋がる象徴的なマイナス要因
3　突破口となる再検討ポイント
4　その後の学級集団づくり

第4章　ゼロ段階に留まっている「ゆるみの見られる集団」の突破　P.81〜

1　ゆるみの見られる集団のリスク
2　リスクに繋がる象徴的なマイナス要因
3　突破口となる再検討ポイント
4　その後の学級集団づくり

あとがき　P.94

第1章
学級集団づくりの
ゼロ段階とは

第1章
学級集団づくりの
ゼロ段階とは

1　日本の学級集団の特徴から見えてくるもの

1）学級経営の範囲

　日本の教師は，学級集団づくりを改善することで，学級経営力をトータルに高めることができる，というのが，筆者の結論です。
　まずは，次の図を見てください。

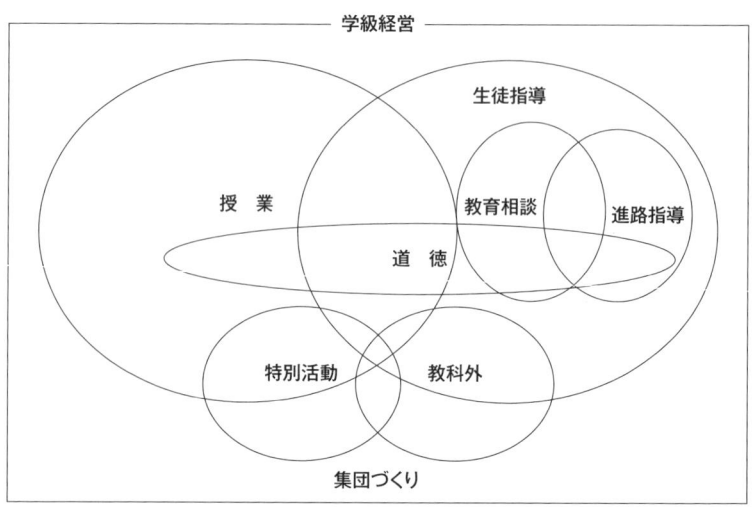

学級経営のイメージ（河村茂雄『日本の学級集団と学級経営』より）

この図は，日本の教師は，授業，生徒指導，特別活動，学級活動（ホームルーム）を切り離して指導していないことを表そうとしました。

　私自身，かつて学級担任であった頃より，学級経営にこだわり，これまで学級経営に関する多数の研究論文や著作を発表してきました。

　本書では，児童生徒が「自ら集団になれなくなってきた」と言われる時代に，学級が「集団」として安定し，集団活動ができるようになるまでに，すべての学級担任が，意図的に，最低限しなければならないことを，これまでの研究の成果を踏まえ，大胆に提案します。

2）学級経営の理想と課題

　学校は，学力の教育だけでなく，心の教育に対しても同時に責任を負っているというのは，日本の教師にとっては当然の認識でしょう。しかし英米の教師にとってはそうではないかもしれません。

　私は，拙著『日本の学級集団と学級経営』において，日本と英米の学校教育制度・学級集団の特性を比較しましたが，日本は英米のやり方を参考にしながらも，現状として「日本独自の学校教育制度」がある以上，学校教育のやり方についても固有の方法論を模索しなければならないと確信しました。

　まず，日本の学校教育を考えるうえで，次の2点を押さえなければなりません。

日本の教師は学習指導と生徒指導を合わせて担当している

　世界の学校を「教育課程（教科中心か課外活動もあるのかなど）」と「生徒指導（ガイダンス）体制」の二つの軸で比較的に分析してみると，世界の学校は大きく3つのタイプに分類できるのです（二宮皓，2006）。

その中でも日本の学校は英米と同じ形態で，教科学習とともに課外活動・生徒指導を積極的に実施する教育内容です。日本は第二次大戦後，教育に関してはアメリカ教育使節団の指導を受けたので，日本の学校教育はとくにアメリカのシステムがモデルになっていることが多いのです。

　アメリカの生徒指導は「ガイダンス・アンド・カウンセリング」と呼ばれ，学校の中に定着しています。生徒指導の対応内容は，教科・科目の選択履修指導，学業指導，進路・職業ガイダンス，心理相談，教育相談などからなっています。そして，アメリカでは学習指導は教師，ガイダンス・生徒指導はその専門の免許をもつガイダンス・カウンセラーらが担当するという分業制をとっています。

　それに対して，日本は学習指導とともに生徒指導（ガイダンス）全般に関する仕事は，戦後から一貫して教師が合わせて担当しているのです。かつ，日本の担任教師は，児童生徒の学習指導面と生徒指導（ガイダンス）全般に対して大きな責任を付与されているのです。

> **教師が合わせて担当している学習指導と生徒指導は，日本特有の「学級集団制度」に位置づいている**

　英米の学級集団は，児童生徒個々の学習の定着の場であることに主眼がおかれ，学習集団としての機能体の面が主になっています。
　機能体の集団とは，明確な目的を達成することをめざした集団であり，所属する人々の役割や責任，期待される行動（事前に規則にのっとった契約があり，違反すると罰せられる）が明確になっています。かつ，目的の効率的達成のために，集団のあり方も明確になっています。一般的には企業な

ど「組織」と呼ばれる集団に多い形態です。

　それに対して，日本の学級集団は，知識や技能の獲得をめざす教科学習の場であるだけではなく，生活共同体の面をもつ学級生活を通して行われる人格形成の場であることも重視されています。学習指導も教師による一斉指導が主流で，児童生徒同士の学び合いが大事にされています。

　共同体の集団とは，家族や地域社会，とくに従来の村社会がその典型です。メンバー間の相互依存性が強く，メンバーの生活の安定や満足感の追求を目的とした集団です。共同体の集団における規則はありますが，明確に契約され違反したときに罰則をともなうこともなく，集団のメンバー同士が共有する暗黙のルールが，集団の規律を維持していく面が強いのです。

　日本の学級集団は，機能体の面をもつ学習集団と共同体の面をもつ生活集団の，二つの側面が統合された集団なのです。児童生徒の人間関係や規律のある集団の状態が損なわれると，共同体としての学級集団は不安定になり，そのマイナスの影響は学習指導と生徒指導の両面に及びます。

つまり，日本の学校教育の総体が具体的に展開される場が学級集団であり，その状態が悪化すると，児童生徒にとっての教育的な環境が損なわれ，学校教育全体の成果が低下するのです。

〈参考文献〉
河村茂雄　2010　『日本の学級集団と学級経営』　図書文化
八並光俊・國分康孝編　2008　『新生徒指導ガイド』　図書文化
C.キャンベル・C.ダヒア著　中野良顕訳　2000　『スクールカウンセリングスタンダード』　図書文化

2 理想の学級集団の状態と目安

1)「『学力』も『心の教育』も万全な学級集団」が理想

　学習指導要領や学級経営に関する先行研究を整理していくと，日本の教師たちが望ましいと考える学級集団は，次のような状態がその最大公約数です。

○　自由で温かな雰囲気でありながら，集団としての規律があり，規則正しい集団生活が送れている
○　いじめがなく，すべての児童生徒が学級生活・活動を楽しみ，学級内に親和的な支持的な人間関係が確立している
○　すべての児童生徒が意欲的に，自主的に学習や学級の諸々の活動に取り組んでいる
○　児童生徒同士の間で学び合いが生まれている
○　学級内の生活や活動に児童生徒の自治が確立している

「理想の学級集団」の共通イメージ

　これらの点を概観すると，日本の教師たちは，児童生徒の自主的な，自治的な活動で運営されていく学級集団を，望ましい状態と感じている傾向があります。
　この「自主的な，自治的な活動」には，学習活動や学級活動，当番活動などに関するすべての活動が含まれ，かつ，生活集団である共同体の運営に関することも含まれています。また，授業についても，児童生徒同士の学び合いが尊重されています。
　日本の教師たちは，教える・指導するという役割の教師が，教わるという役割の児童生徒に，縦の役割関係で指導するという形のみで良好に成立している集団を良い学級集団とはとらえていないのです。

2）これは絶対に外せない！ 最低限度の学級集団を形成する要素

　日本の教師たちが想定する「理想の学級集団」のイメージを整理していくと，「理想の学級集団」であることの条件が見えてきます。
　それは，次のように整理されます。

必要条件

Ⅰ　集団内に，規律，共有された行動様式がある［ルールの確立］

Ⅱ　集団内に，児童生徒同士の良好な人間関係，役割交流だけではなく感情交流も含まれた内面的なかかわりを含む親和的な人間関係がある［リレーションの確立］

十分条件

Ⅲ　一人一人の児童生徒に，学習や学級活動に意欲的に取り組もうとする意欲と行動する習慣があり，同時に，児童生徒同士で学び合う姿勢と行動する習慣がある

Ⅳ　集団内に，児童生徒のなかから自主的に活動しようとする意欲，行動するためのシステムがある

「理想の学級集団」の条件

　つまり，良好な学級集団の育成には，ⅠとⅡの状態を同時に確立させることが必要であると同時に，どんな学級経営をするにしても，ⅠとⅡの2点については，児童生徒の成長を保障する最低限度の学級集団を形成するために外せない要件なのです。そこで，筆者はこの2点の確立度で学級集団の状態を把握することを提唱してきました。
　Ⅰは学級内のルールです。Ⅰの条件を満たすためには，対人関係に関するルール，集団活動・生活をする際のルールが全員に理解され，学級内に定着していることが必要です。ルールが確立していることで，学級内の対人関係のトラブルが減少し，児童生徒同士で傷つけら

れないという安心感の中で，友人との交流も促進されるのです。授業でも，児童生徒が自主的に活動するうえで，最低限の守るべき基準となるので，けじめのある活発さが生まれる前提になるのです。

Ⅱはリレーションです。リレーションとは互いに構えのない，ふれあいのある本音の感情交流です。学級内の対人関係の中に高いリレーションがあることで，児童生徒同士の間に仲間意識が生まれ，集団活動（授業，行事，特別活動など）が協力的に，活発になされます。また授業でも，児童生徒相互の学び合いの作用が向上し，一人一人の学習意欲を高めます。学級内にリレーションを確立することで，Ⅱの条件を満たすことができるのです。

3）これが筋道！　学級集団が成熟するためのプロセス

混沌・緊張期

スタート当初は緊張もあってバラバラ，2～3人での関係性しか築けなかった児童生徒も，ルールとリレーションが統合されて確立し，Ⅲ，Ⅳを満たしながら学級全体で様々な取組みを達成していく経験を積み重ねていく中で，学級集団は理想型に近づいていきます。

小集団形成期

ルールとリレーションがある程度統合されて確立している学級集団では，児童生徒の中に「この学級のみんなともっと仲良くしたい」と感じられる親和的な凝集性ができ，すでにつながり合ったグループは，新しいつながりを求めて，より大きなグループに統合していきます。この作用が学級生活のあらゆる場面で起こるのです。

自分たちで「ルール」と「リレーション」のよさを体験学習しながら，より機能

的に活動できるように統合された大きなグループは，児童生徒の中に役割分担ができ，分業して大きな取組みができるように組織化され，リーダーはその活動内容に一番ふさわしい児童生徒がその都度選ばれ，多くの児童生徒に活躍の場が生まれ，各自の承認感が満たされてきます。

中集団形成期

これが集団が成熟していくプロセスで，この過程に沿って，日本の教師たちの理想型である，児童生徒同士の学び合いや支え合いが活発な「満足型の学級集団」が形成さていくのです。

自治的集団成立期

4）これが目安！ 学級集団づくりの達成度

学級集団は，児童生徒の間の相互作用，インフォーマルな小集団の分化，児童生徒と教師との関係，それらの変化により，集団内外の雰囲気や児童生徒の学級や教師に対する感情，行動傾向などに状態の変化が起こります。

このような学級集団の状態の変化を，「学級集団の発達過程」と呼び，次のような段階（時期）でとらえることができます。

第一段階（混沌・緊張期） ➡ 無秩序

学級編成直後の段階で，児童生徒同士に交流が少なく，学級のルールも定着しておらず，一人一人がバラバラの状態に留まる段階（時期）です。

第二段階（小集団成立期）➡ ルールの確立30％

学級のルールが徐々に意識され始め，児童生徒同士の交流も活性化してきますが，その広がりは気心の知れた小集団内に留まっている状態にある段階（時期）です。

第三段階（中集団成立期）➡ ルールの確立60％

学級のルールがかなり定着し，小集団同士のぶつかり合いの結果後に一定の安定に達すると，指導力のあるリーダーがいる小集団などが中心となって，複数の小集団が連携でき，学級の半数の児童生徒が一緒に行動できる状態にある段階（時期）です。

第四段階（全体集団成立期）➡ ルールの確立80％以上

学級のルールが児童生徒にほぼ定着し，一部の学級全体の流れに反する児童生徒や小集団ともある程度の折り合いがつき，学級の児童生徒のほぼ全員で一緒に行動できる状態にある段階（時期）です。

第五段階（自治的集団成立期）➡ ルールの確立80％以上で分散少ない

学級のルールが児童生徒に内在化され，一定の規則正しい全体生活や行動が，温和な雰囲気の中で展開されます。児童生徒は自他の成長のために協力できる状態にある段階（時期）です。筆者は，この段階にある学級集団の状態を，「満足型」の学級集団と呼んでいます。

学級集団の発達過程

前述の日本の教師たちが望ましいと考える学級集団の状態は，学級集団の発達過程では＜第五段階（自治的集団成立期）＞に該当します。
　つまり教師は，ルールとリレーションを統合的に確立させながら，学級集団を第五段階に向けて一歩一歩育成することが求められます。
　そして，一年間の学級経営を通して「満足型」の学級集団を現出させるためには，１学期の間に，ルールに従って行動できる児童生徒が学級内の３分の２程度を占める＜第三段階（中集団成立期）＞までを達成しておくことが標準的であることが，データから明らかになっています。

5）これが実態！　全国の学級集団づくりは不調だ

　しかし，学級集団分析尺度Ｑ－Ｕの長年蓄積されたデータから，全国の学級づくりの実態として，次の点が見えてきました。

○　５段階の集団発達過程の＜第四段階＞以上の状態の学級の比率が半分を割っている
○　１年間たっても＜第二段階＞の状態の学級が２，３割はある
○　「崩壊した集団」や「荒れ始めの集団」など教育的な環境とは言えないような学級が１割はある

データが語る，全国の学級集団づくりの現状

　年間の学級集団の状態の変化を追跡していくと，やはり１学期の「学級集団の土台づくり」が重要であることがわかります。１学期の学級集団の土台づくりがうまくいかないと，その後，教師は学級集団内で発生する様々なトラブルの個別対処に追われて，集団を発達させていく取組みを行う余裕もなくなり，１年間を送ることになります。つまり，最低限度の集団を発達できなければ，学級の児童生徒一人一人の「学力」と「心の教育」の一年分の成長を保証できません。

本書を企画した理由もここにあるのです。
　データを見ると，全国各地には，教師たちの理想からは遠い状態に留まる学級が多いことが，わかってきました。
　さらに明らかなことは，崩壊している学級では教育力はマイナス状態になっていますが，崩壊しないまでも集団発達の低い学級も，その教育力はかなり低下しています。

6）これが課題！　学級集団は刻々と変化する

　学級集団の育成がむずかしいのは，学級集団は，時間が経てば徐々に成熟・発達していくわけではなく，退行し崩壊に近づいていく場合もあるということです。学級集団は，成熟・発達⇔退行・崩壊の間を，ベクトルを変化させながら動いていくのです。
　そこで，教師は，あらゆる状態の学級集団に対応できるように準備をしておく必要があります。学級集団の「いまの状態」にマッチした対応をとりながら，学級が教育的な環境になるように，集団を発達させる働きかけを絶えずしていきます。
　したがって，大前提として，教師は学級集団の状態を把握する方法を身につけることが求められるのです。
　そして，定期的に学級集団の状態を確認することが必要なのです。そうでなければ，「刻々と変化する学級集団」の実態にマッチした適切な対応はできません。

3 教師が学級経営に取り組む流れ

1）教師が学級経営に取り組む流れ

そこで、教師が学級経営に取り組む流れは、次のようになります。

① 【前提】 学級集団の理解と学級づくりの方法論を確認する
② 【計画・実態把握】 担任する学級に集うすべての児童生徒の支援レベルと、学級集団の現在の状態・集団発達過程の段階のアセスメントを適切に行い、学級経営案を立案する
③ 【遂行・実践】 現状の段階をより発達させるための集団育成の方針を定め、そのもとで具体的に席順や生活班などの日常の学級生活面、授業の展開、学級活動への取り組みを有機的に展開する
④ 【評価・実態把握】 ２，３か月たったら再び②のアセスメントをし、③の方針を修正しながら取組みを続ける

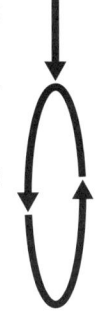

取組みの基本サイクル

ここで強調したいのは、学級経営は、「計画（実態把握）→遂行→評価」のサイクルで展開していくのが大切だということです。

集団の育成は、人間の健康を維持する取組みと似ている面があります。生活習慣病は少しずつ悪化し、症状に気がついたら、かなり悪化していることが多いのです。だから人は定期的に健康診断を受けて健康状態をチェックし、悪い兆候が見えたら、それに見合った生活習慣を微修正して、健康維持に努めていくわけです。

2）学級集団アセスメント「Q−U」「hyper-QU」

　Q−U，hyper-QUは，児童生徒の学校生活での満足度と意欲，学級集団の状態を調べる質問紙です。

　この調査を実施することで，児童生徒個人の情報と学級集団の情報をもとに，不登校になる可能性の高い子や，いじめを受けている可能性の高い子，学校生活の意欲が低下している子の早期発見につなげることができます。また，学級崩壊などの問題に対応するためのデータが得られます。教師が面接や観察で得た情報を客観的に補う方法として，全国に広まっています。

　現在では，全国の小学校から高等学校，専門学校において，Q−U，hyper-QUの結果を活用した，実証的な教育実践が増えており，以下のような目的でも使われています。

・「満足型学級集団」育成のツールとして
・不登校の未然発見，予防として
・いじめの未然発見，予防として
・学級崩壊の未然発見，予防として
・教育実践の効果測定，実践研究発表の信頼できる指標として
・校内連携，学年連携の際の共通言語として
・授業改善の手がかりとして
・荒れた学級からの立ち直りの手がかりとして
・グループアプローチの手がかりとして
・キャリア教育の手がかりとして
・ソーシャルスキル（対人関係能力）の測定と育成のための
　手がかりとして　　　　　　　　　　　　　　　　　　　　　　　など

　　　　　　　Q−U，hyper-QUが役に立つ代表的なこと

第1章　学級集団づくりのゼロ段階とは

　Q-Uの特徴は次のようなものです。

・15分程度で実施が可能，朝の会や帰りの会で行うことができます
・1枚の図表に学級全員分の結果を書き込むので，学級集団の全体像が一目で把握できます。つまり，「個人」「学級集団」「学級集団と個人の関係」の3つの側面を同時に理解することができます。
・年に2～3回実施して前回の結果と比較することで，その時々の教育実践の効果を確かめることができます

Q-U，hyper-QUの特徴

　Q-U，hyper-QUは，以下のアンケートで構成されています。

学級満足度尺度
　（いごこちのよいクラスにするためのアンケート）

学校生活意欲尺度
　（やる気のあるクラスにするためのアンケート）

ソーシャルスキル尺度
　（日常の行動をふり返るアンケート）

Q-U，hyper-QUを構成するテスト

　3つのアンケートの結果を，それぞれ単独で見たり，組み合わせて見たりすることで，教師が知りたい情報を得ることができます。
　このうち，「学級満足度尺度」では，個人の結果を座標上に集計することで，学級集団全体として，ルールとリレーションがどのように確立しているかを知ることができます。
　次のページに学級集団の代表的な状態を掲載します。

侵害行為認知群	学級生活満足群
学級生活不満足群	非承認群

満足型の集団　[満足型]
【ルール高×リレーション高】
ルールとリレーションが同時に確立している状態

　学級内にルールが内在化していて，その中で，児童生徒は主体的に生き生きと活動しています。児童生徒同士のかかわり合いや発言が積極的になされています。

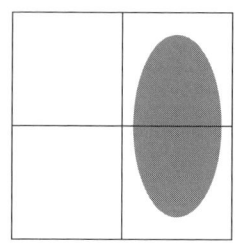

かたさの見られる集団　[管理型]
【ルール高×リレーション低】
リレーションの確立がやや低い状態

　一見，静かで落ち着いた学級に見えるが，意欲の個人差が大きく，人間関係が希薄になっています。児童生徒同士で承認感にばらつきがあります。

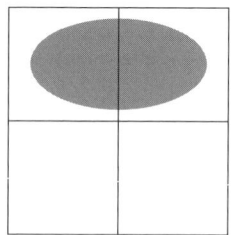

ゆるみの見られる集団　[なれあい型]
【ルール低×リレーション高】
ルールの確立がやや低い状態

　一見，自由にのびのびとした雰囲気に見えますが，学級のルールが低下していて，授業中の私語や，児童生徒同士の小さな衝突が見られ始めています。

第1章 学級集団づくりのゼロ段階とは

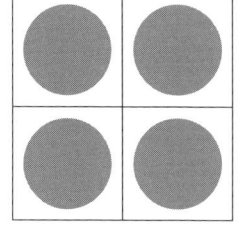

ばらばらな集団　[拡散型]
【ルール混沌×リレーション混沌】
ルールとリレーションの共通感覚がない状態

　教師から，ルールを確立するための一貫した指導がなされていない状態です。児童生徒の学級に対する帰属意識は低く，教師の指示は通りにくくなっています。

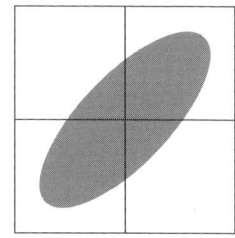

荒れ始めの集団　[荒れ始め型]
【ルール低×リレーション低】
ルールとリレーションの確立がともに低い状態

　「かたさの見られる集団」や「ゆるみの見られる集団」の状態から崩れ，それぞれのマイナス面が肥大して，問題行動が頻発し始めています。

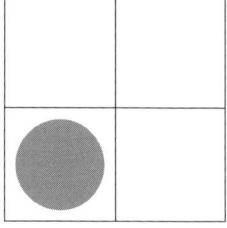

崩壊した集団　[崩壊型]
【ルール喪失×リレーション喪失】
ルールとリレーションがともに喪失した状態

　児童生徒は，学級に対して肯定的になれず，自分の不安を軽減するために，同調的に結束したり，他の子を攻撃したりしています。

学級集団の代表的な状態

4　学級集団づくりのゼロ段階

1）学級担任の最低ハードル「ゼロ段階」

　日本の学校教育において、「学級集団づくりのゼロ段階」を満たすとは、次の状態を確保することです。

> ① 学級集団全体で授業や集団活動が、一応成立している
> ② 学級集団の雰囲気や状況が、児童生徒個人の人権、学習意欲・行動にマイナスの影響を与えていない

　つまり、日本の学級集団制度というシステムが、最低限成立し、児童生徒の生活や学びに大きなマイナスになっていないという、最低限の前提条件を確保することです。

　もちろん、「このレベルでよし」とする教師は少ないと思います。しかし、研究室にストックしている多くの学級集団のデータをみると、ゼロ段階が確保されていない学級集団が一定数存在すること（「荒れ始めの集団」「崩壊した集団」）、ゼロ段階に留まっている学級集団が少なくないこと（「かたさの見られる集団」「ゆるみの見られる集団」「ばらばらな集団」）も、残念ながら事実です。

　学級集団づくりのゼロ段階の状態が確保されていない学級では、日本の学級集団制度は、児童生徒個々の教育にマイナスの影響を与えてしまうのです。この厳しい認識が、いま、学校現場に求められていると思います。

2）「ゼロ段階」が未達成の集団では，些細な問題が起こりやすい

　これまで述べてきたように，学級集団の状態は学級経営の基盤ですから，ゼロ段階が達成されていない学級では，学習内容や学習時間を増やしても，レクリエーションの時間を増やしても，効果は上がらないでしょう。むしろ，ストレスや欲求不満を抱えた児童生徒が教室で一定時間ともに生活するのですから，児童生徒の間にマイナスの相互作用が発生し，問題行動が発生する可能性が高まります。

「ゼロ段階」以上の学級の作用

3）「ゼロ段階」を乗り越える過程で，集団生活の基礎が身につく

　児童生徒は自動的に協調的な集団行動ができるようにはなりません。

　教師には，児童生徒が集団行動を協調的かつ効率的にできるように，学級開きの時点から計画的に育成していくことが強く求められています。例えば，今月の目標，今週の目標，クラスの目標など明確な目標や手順を数多く細かく提示し，班活動，給食（給食のねらい，身だしなみ，配膳の仕方，正しい食べ方などの指導），清掃，学校行事，登下校などの教科外活動を通して，協調的かつ効率的な集団行動がどういうものかを体験的に理解させながら，やがて児童生徒だけでできるように指導することが不可欠なのです。授業も同様で，聞く姿勢をきちんと取る，ノートを取る，発言のルールを守って自分の考えを発表するなど，スムースに活動できるようにさせていかなければなりません。

　それも，教師が絶えず指示を与えなくても，児童生徒自身でいつもの活動をいつも通り行うことができるように，教師は，一つの集団活動それぞれに対して，「どのようなことが，いかに行われるべきか，その中での参加者の役割は何か」を示したうえで，型を教え，それが児童生徒の中で習慣化されるまで，繰り返し対応することが求められているのです。

　このような地道な取組みは，学級内の児童生徒の実態に合わせて定着するまで，そしていったん定着しても形骸化しないように，絶えず行っていくことが必要なのです。

　その結果，児童生徒は教師の指導に沿う行動の仕方を次第に学習します。それが一定のレベルに達すると，教師の側からすると，児童生徒に直接言わなくても，児童生徒は自発的に行動できるようになっていくのです。つまり，教師にとっては，児童生徒の自治的な活動をサポートする形になるわけです。

4）「ゼロ段階」を達成する取組みは1学期に行うことが目安

　新しくできた学級も，2か月も過ぎると一定の集団の様相を呈します。最低一年間，固定されたメンバーと担任教師で構成され，授業や生活を共にする日本の学級集団では，集団の様相は，児童生徒の間の相互作用，インフォーマルな小集団の分化，児童生徒と教師との関係などにより，現出するのです。

　その様相は，大多数の学級集団に所属する児童生徒の，学級集団に対する，学級集団内における，感情，態度，行動傾向などから，所属する一人一人の児童生徒や外部の人間が受ける学級集団全体の雰囲気という印象で語られることもあり，一定期間，一定の様相を呈するのです。ここまでに，学級集団づくりのゼロ段階を達成するような教師の取組みが，集中的に行われているわけです。

　このような作用から生じた学級集団の様相は，厳密にはその集団固有のものですが，本書は，学級集団の状態と記述し，「満足型の集団」「かたさの見られる集団」「ゆるみの見られる集団」「ばらばらな集団」「荒れ始めの集団」「崩壊した集団」とタイプ分けして，イメージしやすくしています。

　学級集団の状態を，学級集団づくりのゼロ段階の視点でさらに大きく分けると，次の3タイプに整理されます。

---

①学級集団づくりゼロ段階を達成しさらに成熟している
　「満足型の集団」
②学級集団づくりゼロ段階のレベルに留まっている
　「かたさの見られる集団」「ゆるみの見られる集団」「ばらばらな集団」
③学級集団づくりゼロ段階を達成できていない
　「荒れ始めの集団」「崩壊した集団」

「ゼロ段階」を基準にとらえた学級集団づくりの達成度

5)「大きな問題がない」という学級の教育効果の低さ

　学級集団の研究をしていて深刻さを感じるのは，学級の児童生徒の多くが困り感を抱えているのに，教師本人は困り感を感じていないケースです。
　そういうケースでは，「大きな問題はない，児童生徒は自分の指導の下にきちんと管理できている，だから，自分の学級経営はだいたいうまくいっている」とその教師は思っていても，学級集団の実態としては，ゼロ段階のレベルに留まっている（「管理型」「なれあい型」「拡散型」の状態にある）のです。なかには，ゼロ段階を達成できていない「荒れ始め型」の状態にあっても「大きな問題はない」と感じている場合もあります。

　しかし，そのような学級集団に所属している児童生徒の学力の定着度，いじめの発生率など，学習指導面と生徒指導面の両方の教育効果が，満足型学級集団と比べてとても低いことは，実証されています（Ｐ31，32のグラフ参照）。

　つまり，成長がないのに，「大きな問題が起こっていないのだからこれでいい」と思って手を打たないでいる教師は，児童生徒がより伸びる可能性をその時点でスポイルしていると言っても過言ではないでしょう。
　「大きな問題がない」という学級の教育効果の低さとは，ゼロ段階を達成していない集団に特有の「集団活動の効率が悪い，集中力が低下している，児童生徒間の学力や意欲の落差が大きい，一体感がない」などの雰囲気や状況によって，その学級集団に「児童生徒の居場所にならない，学び合いがない，当事者意識がない，親和的・建設的な相互作用がない」などの目に見えにくい低調さが満ちており，所属している児童生徒の学習や発達に，学級という集団がプラスの影響を与えにくい状態になっているということなのです。

第1章 学級集団づくりのゼロ段階とは

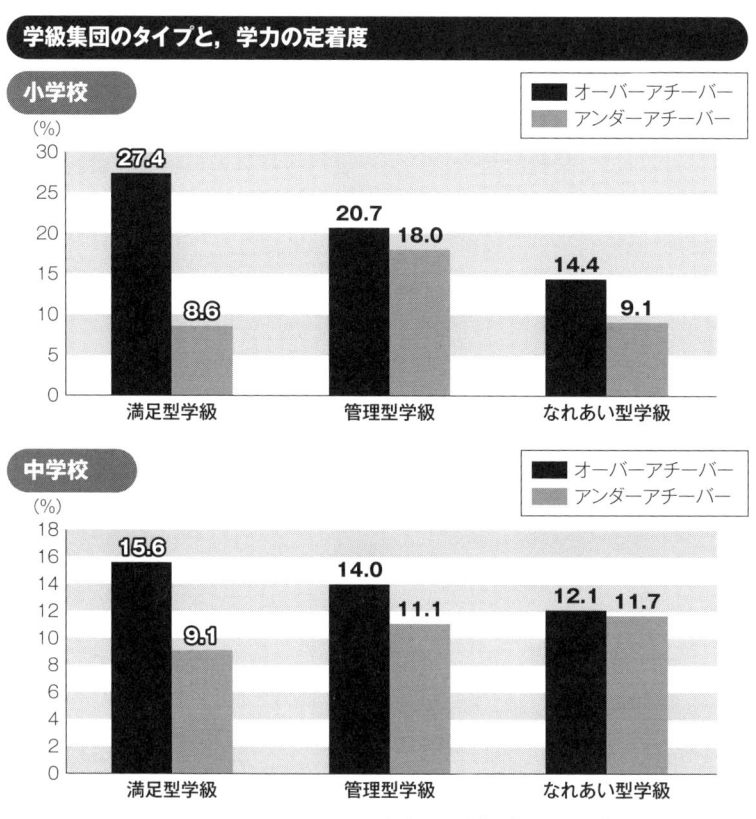

(ともに,河村茂雄『データが語る① 学校の課題』より)

満足型学級では,学力に関して,次のことがわかっている。

・管理型,なれあい型の学級と比べて,何らかの要因で,学習したことが身についていない(期待値より学力の定着度が低い)と判断される状態である「アンダーアチーバー」の児童生徒が少ない。

・管理型,なれあい型の学級と比べて,高い学習意欲,良好な学習環境,効果的な学習方法の活用などによって,学習したことがよく身についている(期待値より学力の定着度が高い)と判断される状態である「オーバーアチーバー」の児童生徒が多い。

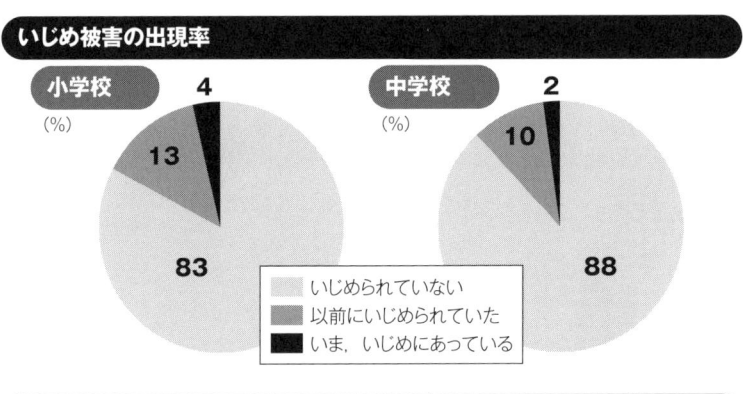

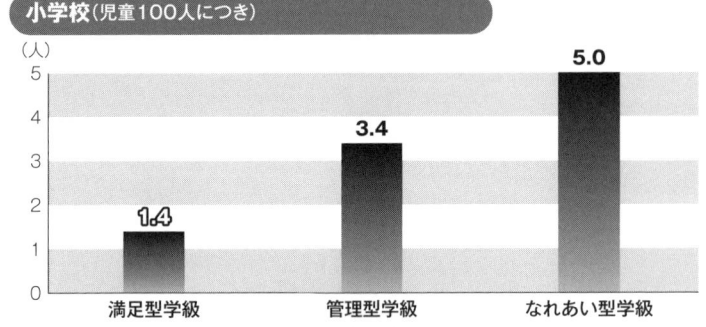

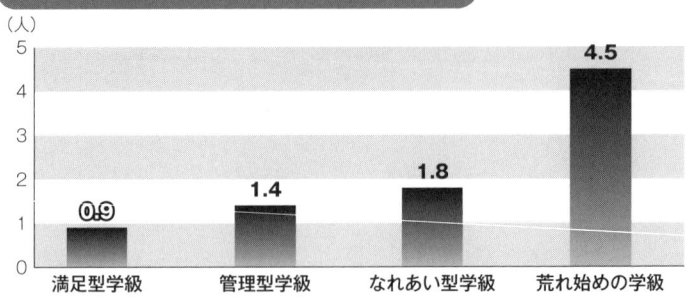

(ともに，河村茂雄『データが語る① 学校の課題』より)

　河村（2007）の調査では，小学生では28人に1人，中学生では50人に1人の割合でいじめが発生していること，満足型学級と比べて，管理型，なれあい型の学級ではいじめが発生しやすいこと，などがわかった。

6）「ゼロ段階」の達成は，学級経営の隠れたポイント

　学級集団は，満足型学級集団になると，所属する児童生徒の居場所となり，一人一人の情緒が安定していきます。その中で起こっている，児童生徒間の親和的で建設的な相互作用が，一人一人の児童生徒に次のような効果をもたらします。

---

① 学習・活動意欲を喚起する
② 学習・活動意欲を維持する
③ モデル学習が成立する（学び合いが活発になる）
④ 学習・活動する習慣ができる
⑤ 社会性・道徳性やソーシャルスキルが身につく

　　　　　　　　　　　　　　　　　　　　　　　　　　　　　　　など

「満足型集団」を達成するメリット

　そして，児童生徒一人一人の心理社会的な発達が促進されるのです。
　このような満足型学級集団は，共同体の特性を強くもった集団で，所属する児童生徒には，学級という共同体の一員として，共通の意識や行動の仕方の一体化が生まれているのです。
　つまり，教師は，児童生徒の集まりが共同体の特性をもつように，学級集団づくりに取り組んでいくことが，強く要請されています。
　いっぽうで，教師の学級集団づくりの取組みがある程度まではうまくいかないと，学級集団は共同体として不安定になり，その影響は学習指導にも及ぶのです（P31の図参照）。

学級を知り、育てるためのアセスメントツール

hyper-QU なら Q-U の診断結果に加え、対人関係力も診断できます

よりよい学校生活と友達づくりのためのアンケート

著者　河村茂雄
対象　小学校1〜3年／小学校4〜6年
　　　中学校／高校

hyper-QU は、**Q-U** の2つの尺度（学級満足度尺度・学校生活意欲尺度）に、ソーシャルスキル尺度を加えた3つの尺度で診断します。
※高校用では、参考資料として悩みに関する質問項目が取り入れられています。

ソーシャルスキル尺度
対人関係（ひとづきあい）を円滑にするための技術（コツ）を測るものです。

ソーシャルスキル尺度を用いて、対人関係力を測ることにより、児童生徒および学級集団の状態を多面的にとらえることができます。
また、**個人票**（教師用／児童生徒用）も打ち出されるので、児童生徒一人ひとりに適切な対応を図ることができます。

Q-Uは不登校やいじめの防止、あたたかな人間関係づくりに役立ちます

楽しい学校生活を送るためのアンケート

監修　田上不二夫
著者　河村茂雄
対象　小学校1〜3年・4〜6年／中学校／高　校

学級全体と児童生徒個々の状況を的確に把握する2つの診断尺度
「学級満足度尺度」、「学校生活意欲尺度」の2つの診断尺度で構成されています。

- **学級満足度尺度：いごこちのよいクラスにするためのアンケート**
  クラスに居場所があるか（承認得点）、いじめなどの侵害行為を受けていないか（被侵害得点）を知ることができます。
- **学校生活意欲尺度：やる気のあるクラスをつくるためのアンケート**
  児童生徒の学校生活における各分野での意欲を把握することにより、子どもたちのニーズにあった対応を考える資料となります。学級、学年、全国の平均得点も打ち出されますので、今後の学級経営に役立ちます。

資料のご請求は **図書文化社 営業部** へ　　TEL.03-3943-2511　FAX.03-3943-2519

第2章
学級集団づくりの最低限!ゼロ段階を達成するためのスタンダード

第2章
学級集団づくりの最低限！ゼロ段階を達成するためのスタンダード

1 学級集団づくりの大きな流れと目安

　筆者が提唱する満足型の学級集団を育成する骨子は，「ルール」と「リレーション」の統合的な確立であることを第１章で説明しましたが，教師から働きかける大きな流れは次のようになります。

　　　ルールの設定　→　ルールの定着　→　ルールの内在化・習慣化

　この各プロセスで，児童生徒にルールに沿った活動を設定し，その活動のなかでリレーションを実感させ，児童生徒の親和的な人間関係を形成していくことが，教師の学級経営の力の本質です。
　ルールとは，学校や学級内で明文化された規則やきまりとは同じではありません。学校や学級の規則やきまりは，社会で言えば法律みたいなものですが，ルールは「多くの人がそのように行動している」というときの，「そのように」を生み出す準拠枠，判断基準です。
　つまり，学級集団づくりの大きな流れは，最初はきまりを守らせるように，外部からチェックすることで児童生徒にルールを守らせることからスタートしますが，徐々に人から言われなくても児童生徒が自分の判断で行動できるようになるのが目標です。

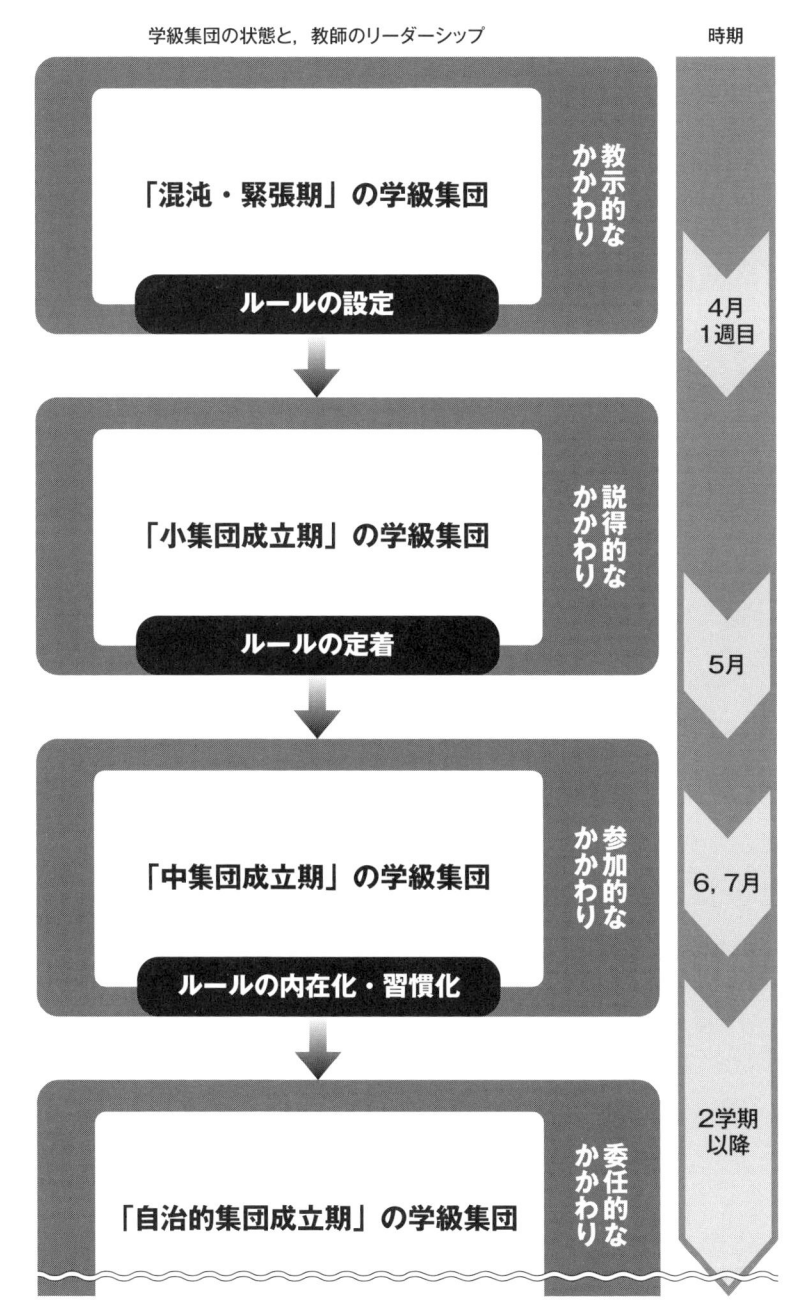

第2章 学級集団づくりの最低限！ゼロ段階を達成するためのスタンダード

学級集団の状態と，教師のリーダーシップ　　　　　時期

```
┌─────────────────────────────┐
│  「混沌・緊張期」の学級集団      │ 教示的なかかわり    4月1週目
│     ルールの設定              │
└─────────────┬───────────────┘
              ▼
┌─────────────────────────────┐
│  「小集団成立期」の学級集団      │ 説得的なかかわり    5月
│     ルールの定着              │
└─────────────┬───────────────┘
              ▼
┌─────────────────────────────┐
│  「中集団成立期」の学級集団      │ 参加的なかかわり    6,7月
│   ルールの内在化・習慣化        │
└─────────────┬───────────────┘
              ▼
┌─────────────────────────────┐
│  「自治的集団成立期」の学級集団   │ 委任的なかかわり   2学期以降
└─────────────────────────────┘
```

学級集団づくりの現実的な流れ［目安］

2 「混沌・緊張期」の達成　〜ルールの設定

「混沌・緊張期」とは，学級が組織されてすぐの学級開きの段階です。この段階では，理想の学級のビジョンに基づくルールを児童生徒みんなで設定することが大事です。この段階は児童生徒が相互に牽制しどのように振る舞えばいいのか戸惑っていますから，学級の雰囲気をまずは秩序づけるためにも，ルールづくりは最適なのです。

この「ルールの設定」の展開の骨子と，それを実現するためのキーとなる指導行動について，順を追って提案・解説します。

ルールの設定（1）

児童生徒の願いを取り入れた，「理想の学級」の状態を確認する

「いじめがない」「明るい雰囲気」「助け合う」などP14の「理想の学級集団」の状態に沿うような意見が児童生徒から提案されると思います。「満足型の学級集団」は教師の理想ですが，児童生徒がいちばん居心地の良い状態でもあるのです。

【指導行動】
- ◎　児童生徒からの提案が出にくい場合は，個別に紙に書かせたものを集め，教師がそれを読み上げていく
- ◎　教師は事前にP14のような理想の学級集団の状態を短冊に書いておき，児童生徒の提案として出てきたものから，手際よく黒板に張っていく。用意していなかった内容が提案された場合も，その場で書いて付け足す
- ◎　教師も自分の思いを自らの体験をもとに率直に話す
- ◎　児童生徒からの提案内容を3〜4つにまとめ，「みんなが願う理想の学級集団の状態」を，全員でしっかり確認する

ルールの設定（2）
理想の学級の状態を成立させるための学級目標を設定し合意する

【指導行動】
◎ 展開（1）の流れで張り出した「理想の学級集団」の要素を構成して，学級目標を作成する。学級が集団としてみんなで仲良くまとまり，建設的な活動や生活態度に繋がるような目標にする
◎ 学級目標は，児童生徒が暗記できるように3つか多くても5つ以内にする
◎ みんなでつくった学級目標を，みんなで達成をめざすことを全員で約束する。その印として，学級目標を全員で音読する

ルールの設定（3）
学級目標を達成するためにみんなで守るルールを設定する

　学級目標を達成するためには，集団生活や集団活動を行っていくうえで，一人一人が取り組まなければならないことがあります。学級集団での日常は，ふつうに生活・活動していくだけでも，メンバー一人一人の最低限の配慮が必要です。それを児童生徒に理解させることが求められるのです。

【指導行動】
◎ 集団生活にはルールが必要であることを例をあげながら説明する

◎ そのうえで，「みんなで守らなければならないこと」を展開（1）と同じ要領で，児童生徒に提案させる
◎ 教師も意見を出しながら，「みんなで守らなければならないこと」を「ルール」として明確に確認する

> <u>「ルールは，学級目標を達成するためのみんなの約束である」という認識を，すべての児童生徒に共有させることができるかどうかが，ルールを設定する際の鍵になります。</u>

◎ 設定するルールは，児童生徒が暗記できるように5つ以内にする
◎ 「みんなでつくったルールは，みんなで守る」ことを，全員で約束する。その印として，展開（2）と同じ要領で，ルールを全員で音読する

ルールの設定（4）
教師もルールを守ることを約束する

　学級のルールはみんなが楽しく充実した学級生活を送れるように，みんなで決定した「約束」です。教師が児童生徒を管理するための「きまり」ではありません。その前提を明確にするために，児童生徒の前で，教師も学級のルールを守ることを宣言します。

【指導行動】
◎ 意識してルールを守っていることを児童生徒に示す
◎ ルールが守れなかったら，しっかり児童生徒に「あやまり」，その責任をどのようにとるか説明し，行動する

教師自ら行動することが児童生徒のモデルになります。

ルールの設定（5）
ルールについて具体的なイメージがもてるように説明する

【指導行動】
◎ ルールに関する行動の良い例・悪い例をあげ，具体的にイメージできるように説明する
◎ とくに，ルール違反のグレーゾーンの領域の解釈については，例をあげて詳しく説明し，教師から先手を打って示す

> ルールはみんなで約束したことを最低限に明文化したものですから，その文字面だけをとらえて逃れることは簡単です。ですから，「ルールの理念を大事にする姿勢が大事である」ことを念を押すように理解させて，「ルール逃れはみんなの約束を踏みにじる行為である」という雰囲気をつくります。

STEP UP
「混沌・緊張期」を支えるソーシャルスキルの指導

「混沌・緊張期」の児童生徒同士の人間関係形成を支えるのは，「基本的なあいさつ」「基本的な聞く態度」などの領域のスキルです。とくに，「おはよう」「さようなら」「ありがとう」「ごめんなさい」などのあいさつと，相手を尊重するという姿勢を示す人の話の聞き方は，長く継続して生活していく共同体のメンバーが，互いに大きな摩擦を起こさず生活していくための最低限のマナーです。そこで，

これらの行動の意味と行動の仕方について，朝の会や帰りの会で定期的に取り上げ，児童生徒に意識させていきます。

　これらのスキルは，人とかかわるうえで最低限のマナーであり，「ルールの設定」の段階の学級集団の雰囲気づくりの裏支えになります。同時に，学級生活のなかでスキルを練習する取組み自体が児童生徒のかかわりを全体に開くことになるため，この段階で起こりやすい，人間関係の不安から少数の児童生徒が固まってしまう「不安のグルーピング」の発生を予防することができます。

> ルールの設定（6）
> 人とかかわるうえで最低限のマナーとなる，初歩的な社会的スキルについて説明する

【学級ソーシャルスキルの指導の参考になる本】
『いま子どもたちに育てたい　学級ソーシャルスキル』
　小学校（低学年・中学年・高学年）・中学校　図書文化

3 「小集団成立期」の達成　〜ルールの定着

　この段階では，ルールに沿った活動を展開しながら，児童生徒同士にリレーションを実感させる体験を積み重ねていきます。ポイントは，「期待された（ルールに沿った）行動をした」ときに，「周りから承認された」という経験を随伴させて，行動を強化していくことです。

　承認をするのはまず教師，そして周りの児童生徒です。教師からの承認は，学級の集団発達に沿って展開していきます。児童生徒同士の承認を促すには，タイムリーに良い行動に気づき合えるように，交流機会の多い「生活班」「係活動のグループ（班）」の児童生徒同士で相互に承認し合えるように展開します。

　班は学級集団の下位集団であり，学級目標，行動の仕方，役割などを一人一人に定着させる場です。また班員同士が日常的なかかわりをもつので，学級内の特定の児童生徒の孤立を防ぐ機能ももっています。そこで，班を人間関係づくりの基盤として活用します。

　この「ルールの定着」の展開の骨子と，それを実現するためのキーとなる指導行動について，順を追って提案・解説します。

ルールの定着（1）

教師もルールを守っていることを児童生徒に見せる

　学級のルールは，「教師が児童生徒を管理するための守るべき『きまり』」ではなく，みんなでいい学級をつくるための約束ですから，教師もそれに従うという姿勢をしっかりと見せる必要があります。

　それによって，児童生徒はルールを「守らされている」というイメージではなく，「自ら守る」という意識がもてるようになるのです。

【指導行動】
◎　教師は言っていることと行動がズレないようにする

教師は言っていることと行動がズレると，教師に対する児童生徒からの信頼感は大きく低下します。例えば，チャイム着席をルールにしているのに，教師がたびたび遅れて教室に来るようではいけません。
　人間は言葉と行動がズレた場合には，行動のほうをモデルにします。そして，言葉と行動がズレた人の発した言葉は，徐々に周りから軽んじられるようになるのです。

ルールの定着（2）
ルールをきちんと守って行動している児童生徒を積極的にほめて，そのような行動を学級内に奨励していく

【指導行動】

◎　ルールを守っている児童生徒が学級集団内の30%になることをめざす

　　集団は一定の行動をとるメンバーが集団全体の3割くらいになると，集団内に一つの流れができ始め，集団の大きな流れとして徐々に方向づけられていきます。教師はそのような流れができるように能動的に対応していきます。

◎　教師は言っていることと行動がズレないようにする
◎　児童生徒が望ましい行動をした場合，タイムリーに言葉にして認める
◎　児童生徒をほめるときは，ほめている場面を周りの児童生徒に見せることによって，モデルとなるようにする
◎　いい成果には結びつかなくても，地道にルールに沿って行動している児童生徒こそ，その姿勢を認めてあげる

次のような対応も必要です。

◎ ルールが定着するまで，全体をほめるときにルールを絡めて説明する

> 学級で一定の成果が見られたときは，その成果のみをほめるのではなく，その成果に繋がったプロセスにも注目して，ルールに沿った行動がどう役に立っているのか，全体に詳しく説明してあげるようにします。

◎ 児童生徒をほめるときも，その行動の適切さ，どうルールに沿っていたのかを指摘してほめるようにする

ルールの定着（3）

ルールが学級に定着するまでのルール違反には，その内容によって適切に確実に対応する。小さいルール違反でも決して曖昧にしたりスルーしたりしてはならない

【指導行動】

◎ ルールの対応に例外をつくらない

> 学級にきちんとルールを守る児童生徒の多数派を形成していくのですから，最初の段階でその部分が曖昧では，足並みが揃いません。

◎ 単純なルール忘れの違反は，その場で事務的に指摘して，ルールに沿った行動をとらせる

ルール忘れにはくどくど叱るのではなく，ルール忘れに気づかせ，「ルールに沿った行動をしましょう」と促します。ルールに沿った行動がとれるたびに，そのことを「よくできました」くらいの端的な言葉がけでほめていきます。忘れずにルールに沿った行動をとることを強化するのです。

◎ 意識的なルール違反の場合は，理由を言わせて次にどう行動するか確認する

　ルールは理解しているのですから，それに違反するのは何か理由があるのです。したがって，頭から叱らず，その理由・気持ちを丁寧に聞き，ルールを守りたくない気持ちを解消してあげなくてはなりません。そのうえで，「次からそういう場合はどういう行動をするのか」を確認します。しっかり言えたら，そのことを軽くほめてあげます。

◎ 学級に意識的ではないがルール違反が多くなった場合，「たとえ話」で理解させる

　差別などは無理解ゆえに意識しないでしてしまうことも多いのです。時に集団は，周りの人から見ると「明らかに変だ」と思うことでも，所属している人は感じなくなっているという恐さがあります。学級集団の場合，とくに少数の力の弱い児童生徒などに対する人権を傷つける行動などです。
　このような場合は，全体に厳しく注意して一時的にそのような行動が減少したとしてもなかなか根づきません。それだけで児童生徒が心から「それはダメだ」と納得することが少ないからです。そこでこういう場合には，時間をとって，「たとえ話」などを用いて，自分たちがしてしまっている問題に気づかせ，それは間違った行動であることを，感情面も伴って理解させることが求められます。

> ルールの定着（4）
>
> 生活班，係活動のグループを積極的に活用し，ルールの定着を図る
>
> ルールの徹底，ルールに沿った行動の承認，の２つの要素を班員同士の相互作用で行う

　班活動，係活動は役割活動が主になりますから，ルールに沿って行動する機会が多くあります。かつ，少人数ですから，身近にその行動を評価できるのです。

　この利点を積極的に活用し，小さな範囲できちんとルールに沿った行動に取り組ませ，それをきちんと承認してもらうことで，「行動－承認・強化」という場面設定を意識的に行い，ルールを定着させていきます。それが人間関係の形成にも繋がっていき，学級成立当初に孤立する児童生徒の発生を予防することができるのです。

　一つの班や係の人数は，４人位が妥当です。最初から２人組だと閉鎖的になりやすいですし，６人組だと匿名性が生じやすく，責任感の低下が起こりやすくなります。

【指導行動】
◎　生活班の役割，係活動の仕事内容や責任範囲は，一つ一つみんなで確認する

　　　仕事内容や責任範囲が明確でなければ，周りから承認や評価ができません。全員がお互いの仕事内容や責任範囲を理解していることは，暗黙のゆるやかなプレッシャーともなり，責任あるルールに沿った行動が促進されます。

◎　生活班の役割，係活動の役割はローテーションする

違う立場や役割を経験させることで，いままでとは違う視点の獲得，各役割の大変さや難しさの実感，ができるのです。また，いままでとは違う視点で自分自身の役割を見つめ直す絶好の機会をもたせることができるのです。
　集団や組織活動には役割分担があり，役割が分化すると，自分の役割に熱中するあまり，必ず役割間の連携問題が浮上します。それをローテーションすることで予防します。
　ローテーションをすることで，班長・副班長も生活班，係活動で全員に割り当て，リーダーシップ・フォロワーシップを両方体験させ，同時に育てていくことが大事です。一人の児童生徒が生活班でも係活動でも班長で，特定の児童生徒は役割をまったく経験しないというのはいけません。忙しい時期は教師はリーダーを固定するほうが楽ですし，集団も動きやすいのですが，結局，学級の集団発達の中期から全体への移行の段階での成長が鈍ります。

ルールの定着（5）
生活班，係活動の役割行動に対する評価では，プラスの評価は周りから，マイナス評価は自分から言わせるようにする

　周りの児童生徒から言ってもらう承認は確実に強い強化になります。この段階の大きな目標である，グループ内のメンバーとのリレーション形成にも寄与します。
　いっぽう反省点は，周りから言われるとわかっていても素直に聞けないのがこの段階です。自分から言わせることは，自発性と責任感の育成に繋がります。どうしても本人から出ないときは，教師が「〜の点はどうでしたか？」と質問の形で促します。そして，「次にどう行動すればいいのか」をみんなの前で確認します。

【指導行動】
◎ 人間には好き嫌いはあるが，そのような感情で相手によって役割行動に差をつけるのはルール違反であることを，繰り返し言って聞かせる

> 新学級がスタートしたばかりのこの時期は，新しい教師やクラスメートのなかでの戸惑いから，不安のペアリング，不安のグルーピングが起こりやすく，少し仲の良くなったメンバーとべったりくっつく状態です。仲間であることを強調するために，学級内で対応に差をつけることはよく見られます。
> これを放っておくと学級に小グループが乱立して人間関係が歪んでいきます。このようなことになる前に機先を制して対応していくことが大事です。
> 教師が役割行動をうまく設定して，児童生徒同士を物理的にも広く交流させていくのです。

STEP UP
「小集団成立期」を支えるソーシャルスキルの指導

「小集団成立期」の児童生徒同士の人間関係形成を支えるのは，「基本的な話す態度」「許容的態度」「集団生活のマナーの遵守」「対人関係のマナーの遵守」「さりげないストローク」「会話への配慮」「反省的態度」「感情表出」「対人関係形成行動」などの領域のスキルです。そこで，これらの行動の意味と行動の仕方について，朝の会や帰りの会で定期的に取り上げ，児童生徒に意識させ，日常的にこれらの行動ができるように奨励していきます。

これらのスキルは，集団参加するうえでの最低限のマナーであり，学級生活のなかでスキルを練習する取組み自体が「ルールの定着」の段階の学級集団の雰囲気づくりとそれにふさわしい行動の仕方の

裏支えになります。

　また,この段階では,ルールやマナーに沿ってきちんと建設的に行動する児童生徒が学級集団の１／３になるように取り組んでいくことが大事です。そのためには,「きちんとルールやマナーを守って取り組んだら楽しかった・充実した」という体験を児童生徒が積み重ねていくことができるように,教師は強い意志を示して,能動的に対応していくことが大事です。

　その流れのなかで,児童生徒の教師に対する信頼感も高まっていくのです。

ルールの定着（6）

集団参加するうえで最低限のマナーとなる,初歩的な社会的スキルについて説明する

4 ターニング・ポイント ～ここでこれが大事!!

1) メンバーチェンジでルールの定着を確実に
　　メンバーチェンジで人間関係形成の広がりを確実に

　中集団成立期＜第三段階＞に移行する前に，小集団成立期＜第二段階＞のルールの定着の取組みを，生活班，係活動のグループのメンバー構成を大きくチェンジしたうえで再度展開します。こうすることで，学級集団全体にルールに沿った行動の仕方，児童生徒同士のかかわりの素地が根づきます。

　児童生徒は取り組む要領はある程度わかっていますので，教師は前よりも一歩引いた形で，児童生徒に取り組ませます。このことを，小学校の３年生くらいまでは，複数回繰り返すことが求められます。

　この段階を急いで通過してはいけません。この取組みが，その後，大集団全体で活動できるような学級集団に成長するのか，小集団の乱立した状態のままで一年間を終えるのか，の分かれ道になるからです。

　学級に対応が難しい児童生徒が複数名いる場合では，同学年のほかの学級と比べて，自分がかつて担任した学級と比べて，ルールの定着に時間がかかることもあります。こんなときは教師として焦るでしょうが，そういう場合でも，学級の実態に応じて，ルールの定着を，いろいろなやり方で繰り返し図ることが求められるのです。

5 「中集団成立期」の達成　〜ルールの内在化・習慣化

　学級開きから３か月くらい経過すると，学級には様々な人間関係ができてきます。ルールに沿った行動の確立度は，一般的に，「ルールの意味を理解し主体的に行動する児童生徒」が学級の１／３の割合を占めている位です。いっぽう，学級のルールに素直に従えなかったり，反社会的・非社会的な行動をとりがちな児童生徒も１，２割はいるものです。そして，大部分の児童生徒はその中間に位置しています。

　この段階では，教師はルールの意味を理解し主体的に行動する児童生徒が学級の２／３になるように，授業や様々な活動，そして児童生徒同士の交流を組織していくことが必要です。
　ポイントは，１，２割の反社会的・非社会的な行動をとりがちな児童生徒に対応しながら，ルールに沿って主体的に行動する１／３の児童生徒の流れに，大部分の中間に位置する児童生徒を巻き込みながら，ルールの意味を理解し主体的に行動する児童生徒が，学級の２／３になるように対応していくことです。

　この段階では，「生活班」「係活動のグループ」による取組みは必要条件であり，さらに十分条件として，学校行事や学年行事への参加，学級全体のイベントに中集団を単位に取り組んでいくことが求められます。教師はそれらの活動を通して，学級の児童生徒にルールの内在化・習慣化を図っていきます。
　そこで，中集団で活動できるようになるには，複数の小集団が連携できなければなりません。この連携を支えるのが，「児童生徒が学級のルールを内在化させて行動できること」です。そのためには，児童生徒一人一人の意欲の喚起・維持がキーになります。これができず，意欲が低下した児童生徒が学級の30％を越えると，学級集団の退行・崩れが始まります。
　この「ルールの内在化・習慣化」の展開の骨子と，それを実現するためのキーとなる指導行動について，順を追って提案・解説します。

> **ルールの内在化・習慣化（1）**
>
> 再度，どのような学級集団をめざすのかをみんなで話し合い，そのために必要なルールを再設定して確認する
>
> みんなの意欲がより高まるようなビジョンを掲げ共有する
>
> より大きな集団で動きやすいルールを再設定する

　学期の変わり目や大きな行事の少し前には，忙しくても時間をとって学級会を設定し，児童生徒の目標意識を高め，意欲を喚起することが必要です。児童生徒には，いままでの学級の様子を踏まえた，これからの目標を掲げさせます。そして教師も自分の思いを感情を込めて語るのです。
　そのうえで，その学級目標を達成するために，みんなで守るべきことを「ルール」として定めるのです。

【指導行動】
◎ 設定するルールは，児童生徒が暗記できるように5つ以内にする

　　この段階で必要なルールは，より広い人間関係が構築できるように，大きい集団で動けるように，いままでのルールを実態に合わせて微修正したものです。「ルールの設定」の段階よりも，集団としてより成熟をめざしたものになるでしょう。
　　「ルールの設定」の段階で定めたものの，すでにすっかり定着して，ルールとしてここで改めて確認しなくてもよくなった内容は，みんなで「ルールとしなくても守る」ことを約束してルールから外します。

ルールの内在化・習慣化（2）
活動する前には、目標、役割分担をみんなできちんと確認する

　中集団での活動では匿名性が生じやすく、常に児童生徒の目標や役割が明確になるようにしてあげないと意欲が低下しやすいのです。それがないと、ルールの形骸化が生じて、結果として学級での活動の成果が低下し、集団も退行していきます。

　取組みの目標や役割の意味、集団への貢献度などを定期的に確認する作業には、学校行事を活用するのが自然な流れです。

【指導行動】
◎ **集団生活での様々な役割の意味と行動の仕方について行事などの前に学習させる**

> 「リーダー」「フォロワー」の各役割の内容、責任範囲、期待される行動・無責任となる行動について、一つ一つ教師が説明し、全員で確認します。どの役割にも存在価値があり、どの役割が欠けても集団は機能しないことを、学級内で起こったプラスの出来事を例として取り上げて説明し、それについて話し合わせます。
> 　あいまいになりがちな「副班長」「サブリーダー」の役割は、とくに明確にしなければなりません。「サブリーダー」とは、リーダーが欠席したときの代わりをするための人ではありません。「リーダーが集団としてやるべき行動について発言したときに、メンバーにそれを積極的に取り組むことを個別に促す役割」「メンバー間に起こった小さな不満を拾い上げ、その内容をリーダーに伝え協議し、必要ならば班員全員で話し合うなどの流れをつくる役割」があるということを、みんなできちん確認します。

【指導行動】
◎ **集団の雰囲気を維持する働きをしている児童生徒を積極的に評価する**

　組織や集団は存続させていくだけでも日々隠れた努力が必要です。メンバーのなかには，不平ばかり言う人や無責任・非協力的な人は必ずいるものです。そういう人に根気強く働きかけたり，集団が明るく前向きに活動できる雰囲気を形成したりしている人，つまり集団の雰囲気を維持する働きをしている人は，学級集団には不可欠です。

　そういう人を意識して全体の前で取り上げ，評価してあげることが大事です。いままでの段階では，そのような働きは教師が取り組んできました。しかし，この段階では，そのような働きをする児童生徒を増やしていくことが求められます。それが最終的に，児童生徒の愛他性や向社会性を育むことに繋がっていくのです。

【指導行動】
◎ **個人の取組みが全体にどう貢献しているのかを定期的に必ず説明する**

　中集団の活動では一人一人の行動が見えにくくなり，児童生徒はタイムリーな承認が得られないことが多くなります。そうなると自分の活動がむなしくなり，意欲が低下していきます。全体の中での自分の行動の意味が理解でき，かつ全体の場でその行動が認められ，周りの児童生徒からも個別に承認の言葉がけがあると，児童生徒は主体的に行動するようになります。

　この対応が徹底すると，児童生徒の様子は次のように違ってきます。私が観察をさせていただいている学校で，掃除をしている子どもたちに声をかけたときの反応です。

```
私　：「いまは何をしているの？」
子Ａ：「ぞうきんがけをやらされているんだよ」
（というぶっきらぼうな返事）
子Ｂ：「教室をきれいにしているんです」
（という元気な返事）
```

　Ａの所属している学級は教師の対応がいまひとつで，荒れ始めの学級です。いっぽう，Ｂの所属している学級はきちんと教師の対応があり，満足型学級に近づいている学級です。
　Ｂの学級の子どもたちは，自分の仕事の全体のなかの意味を理解しており，主体的に取り組んでいる様子がわかります。

ルールの内在化・習慣化（3）
活動する前には，目標と，それに向かうための中集団での活動の流れを，みんなできちんと確認する

【指導行動】
◎　目標に向かうマイルストーンを設定して取り組ませる
◎　「具体的な活動の仕方」と「展開の目安」を教える

　大きな目標に計画的に取り組ませようとするとき，「1か月後の体育祭で学級対抗のムカデ競争があるから，休み時間に体育の時間に練習したグループで，練習しておきましょう」では，自主的な取組みは期待できません。児童生徒があわてて取り組むのはせいぜい1週間前からです。
　そこで，上記の内容に次のような途中の目標・目安を明らかにしてから取り組ませます。「1週目は声をかけながら転ばないで早歩きできるようになろう。2週目は小走りができ

るといいね。3週目は一人で走る60%のスピードで走れるようにね。そして本番では80%のスピードでいけるといいね」。そして，節目節目の朝や帰りの会で，取り組んでいる状況を確認して，児童生徒の意欲を持続させます。

> **ルールの内在化・習慣化（4）**
> **教師は学級の目標の表明，そのためのルールの対応，日々の行動に，一貫性をもたせる**

　教師の言動に一貫性がなければ，「ルールの意味を理解し主体的に行動する児童生徒」は学級の2／3になりません。とくに，多数のメンバーで役割分担して中期間の日程で活動する場合には，一人一人にある程度ルールが内在化されていないと，連携はできません。

　教師のブレの無い言動が続いている学級では，児童生徒は行動に迷ったときに「先生ならたぶん○○と言うだろうな」と想像することができます。それが続くと，多くの児童生徒が教師に相談しなくても，「先生ならこんなときこうアドバイスする。だから……」と自分で判断して行動するようになり，児童生徒が学級のルールを内在化することに繋がっていきます。

> **ルールの内在化・習慣化（5）**
> **学級全体の一体感を体感させ，その意義をきちんと共有させる**
>
> **みんなに貢献できた・必要とされる喜びを体験させる**

行事など学級全体で取り組んだ活動の後には，個人的な振り返りの後に必ず「学級集団としての意味を問う振り返り」を行います。そして，個人だけでは味わえない「協力できたことの喜び」「支え合ったことのうれしさ」を共有すると共に，みんなで力を合わせたからこそできたこと・取り組めたことを評価します。この活動が集団の一体感，準拠性を高めます。

　そして，マイナス面は次に生きる教訓として，次の活動でどのように生かすのか（時間的見通し・役割分担・取り組む手続きなど）について具体的な検討を行い，きちんと全員で消化します。

STEP UP
「中集団成立期」を支えるソーシャルスキルの指導

　「中集団成立期」の児童生徒同士の人間関係形成を支えるのは，「能動的な援助」；「集団への能動的参加」，「リーダーシップの発揮」，「自己主張」などのスキルです。つまり，自分の役割ではないけれど，学級のみんながより快適に生活できることは，自ら進んでやっていこうという意識と行動を形成していくのです。そこで，これらの行動の意味と行動の仕方について，朝の会や帰りの会で定期的に取り上げ，さらに，しっかりできている児童生徒を取り上げ，多くの児童生徒が日常的に行動できるように奨励していきます。

　これらのスキルは，「ルールの内在化・習慣化」の段階の学級集団の雰囲気づくりとそれにふさわしい行動の裏支えになります。

> **ルールの内在化・習慣化（6）**
> 人とのかかわり，集団参加を良好に維持するための，初歩的な社会的スキルについて説明する

6 ゼロ段階達成後 〜全体集団成立期・自治的集団成立期

1）自治的集団＜第五段階＞を達成するためのリーダーシップ

　全体集団成立期＜第四段階＞は，「児童生徒全員を同じ目標に向けて同じように活動させる」という面だけを考えれば，「管理的な教師のリーダーシップ行動（＝教師が児童生徒を縦の関係性を使って全面的に指導する形）」だけでも満たすことが可能です。
　ただし，それでは自治的集団＜第五段階＞に必要な次の点を満たすことができません。

Ⅱ　集団内に，児童生徒同士の良好な人間関係，役割交流だけではなく感情交流も含まれた内面的なかかわりを含む親和的な人間関係がある
Ⅲ　………児童生徒同士で学び合う姿勢と行動する習慣がある
Ⅳ　集団内に，児童生徒のなかから自主的に活動しようとする意欲，行動するためのシステムがある

自治的集団＜第五段階＞の要件　（P15も参照）

　これは，児童生徒が教師に服従・依存しているだけの状態では第五段階の集団としては不十分で，学級集団が第五段階に至るためには，児童生徒同士の感情交流を一定以上に促すこと，児童生徒同士で相互に支え合うような人間関係を構築することが求められるということです。その対応は，結果として学級集団に一体感を育むことにも繋がります。
　そこで，学級集団づくりにおいて，教師は始めから，Ⅰ，Ⅱ，Ⅲ，Ⅳの4つの要素を統合して成立させることをめざして，それを推進していくリーダーシップをとることが理想です。なぜなら，第四段階の達成までは「管理的な教師のリーダーシップ行動」のみを駆使し，そ

れ以降は「ゆるい対応」に方針転換するという機械的な対応をとれば，児童生徒は心情面で教師についてこなくなるからです。

2）集団の＜第四段階＞と＜第五段階＞は，ほぼ同時に現れる

つまり，集団発達過程の**自治的集団成立期＜第五段階＞**をめざす学級経営をするためには，最初から一定のリーダーシップをとることが教師に求められているのであり，第2章ではその流れを説明してきています。そして，本書の流れに沿ってここまで展開してきた場合，第四段階と第五段階はほぼ同時に現出します。

第四段階以上は「学級目標を理解し，そのためのルールの意味を理解し主体的に行動する児童生徒」が学級の2／3になっている状態ですが，第五段階を達成するためには，学校行事や学年行事，学級全体のイベントに，学級集団全体を単位に，どう取り組んでいくかが大事です。教師は児童生徒の取組みのプロセスに寄り添い，学級の児童生徒の関係性，目標達成を大きな視点からサポートしていきます。

3）集団の目標達成がどのようになされていくかがポイント

児童生徒が主体的に全体活動を行うとは，「児童生徒自身で活動目標を設定し，時間的見通しのある計画，役割分担などの必要な一連の流れを踏まえて活動を行い，さらに途中途中で取組みを評価しながら目標達成を図っていく」ということです。「全体活動の中身を行動レベルにして各中集団に割り振り，その取組みを全体の成果として有機的に繋げていく」というプロセスを通して，児童生徒は自治的集団の成立に繋がるいろいろなことを学んでいきます。

全体活動といっても，中集団に役割分割するので，実際には中集団で行動することがほとんどです。ただこの段階での中集団は，男女別々や仲の良いメンバーで形成されるのではなく，目的達成に一番ふさわしいメンバーで構成されることが大事です。また，全体リーダーや部門リーダーもローテーションすることが求められます。すべての児童生徒にいろいろな役割をこなす体験をさせたいからです。

4)「ゼロ段階達成後」の指導行動のポイント

　難しいのは，児童生徒自身で，いくつかの中集団を全体に統合していくことです。役割間で徐々に考え方や行動の仕方に温度差が生まれるからです。各役割の中集団同士のぶつかり合いは当たり前に起こるからです。それをどう統合していくかがポイントになります。さらに，各部門の中集団を全体の目的に沿ってまとめていくのも，児童生徒にとっては難しいものです。

　最初はこのような段取りは，教師がかなりサポートしなくてはなりませんが，学級集団の状態に応じて徐々にその比重を少なくして児童生徒に委ねていかなければなりません。簡単なのは，「教師が全部仕切ってしまうこと」「気の利いた児童生徒にリーダーを固定して取り組ませること」です。このほうが時間的に早く展開でき，教師の対応量も少なくて済み，活動自体の成果も高いかもしれませんが，「児童生徒を育てる」という視点を大切にして，活動の内容を吟味して，敢えて，できる限りいろいろな児童生徒に役割をふってあげたいものです。

> 「ゼロ段階達成後」指導行動のポイント（1）
> リーダーシップを柔軟に切り替える

　これまで教師が仕切っていたやり方を児童生徒はモデル学習していますから，そのやり方を踏襲させ，全体活動の場面で主に児童生徒にやらせていきます。

　教師が発揮しているリーダーシップの種類について紹介すると共に，それぞれ「どれを」「いつ」「どのように」発揮すればよいのかという目安を簡単に解説しておきます。児童生徒への対応がうまくいかない場合，その理由として学級集団の発達段階と，教師が発揮しているリーダーシップのミスマッチが原因である場合も多いからです。

教示的－混沌・緊張期に２人組への働きかけを中心に

　混沌・緊張期の，他の児童生徒とどうかかわればよいのか戸惑っている状態の学級には，「児童生徒同士でかかわる」「何人かで活動する」ためのやり方を共有させることが必要です。この段階では，教示的リーダーシップを発揮して，「一つ一つやり方を教えていくこと」「手本を示してやり方を理解させること」が目標になります。教師はこれらの対応を，個人レベルに十分にする必要があります。

説得的－小集団成立期に４人組への働きかけを中心に

　３，４人組の小グループが乱立している，またそれらに入れない児童生徒が孤立傾向にあるなど，集団の成立が不十分な状態の学級では，小グループの利益が全体に優先し，互いのエゴがぶつかって，グループ間の対立も少なくありません。この段階では，説得的リーダーシップを発揮して，「なぜそのようなルールが必要なのか」「どうしてこのように行動しなければならないのか」を納得できるように詳しく説明し，理解させることが必要です。児童生徒が抵抗なく取り組めるように準備をしたうえで，さあやってみようと指示を出していくのです。教師はこのような対応を，個人の前でも，集団全体の前でも，十分にする必要があります。大事な話や教師の意見表明を特定の児童生徒の前だけでしていると，その児童生徒は他のグループとの対立のなかで，「先生はこう言ったから，君たちは間違っている。自分たちが正しい」という具合に，曲解して伝えてしまう場合があるからです。

参加的－中集団成立期に小集団への働きかけを中心に

　学級集団の機能が成立し，集団として動けるようになってきている学級では，学級集団で活動するためのコツを，児童生徒に体験学習させることが必要です。この段階では，教師が上から指示を出すよりも，参加的リーダーシップを発揮して，児童生徒の「自分たちでやってみよう」という雰囲気に，教師も学級集団の一人のメンバーという形で入り，リーダーシップをとっている児童生徒をさりげなくサポートし，集団

のまとまり，活動の推進を陰で支えていくのです。教師は一歩引いた形で活動に参加しながら，しっかり集団や活動を支え，児童生徒に「自分たちでできた」という花をもたせていきます。

委任的－全体・自治的集団成立期に中集団への働きかけを中心に
　学級集団の機能が成立し，そのもとで児童生徒が自主的に動けるようになってきている段階の学級では，委任的リーダーシップを発揮して，自分たちでできる内容は思い切って児童生徒に任せて，教師は全体的，長期的な視点でサポートします。児童生徒だけでは対応できない問題に対して，解決策をアドバイスするようにかかわります。この段階では，教師は学級集団の状態を見ながら，「参加的」から徐々に「委任的」に移行していきます。教師が仕切ってしまえば早くできますが，あえて時間をかけて児童生徒の自主性を育てるように取り組む，とても難しい対応です。もちろん，「放任」とはまったく違います。

「ゼロ段階達成後」指導行動のポイント（２）
児童生徒の主体性を尊重する形で指導する

　委任的なリーダーシップの取り方の留意点です。成長途中の児童生徒ですから失敗は当然します。そのときに自信や意欲を喪失させるような指導の仕方ではいけません。意欲を認めながら，修正ポイントを的確にアドバイスし，さらに児童生徒が主体的に取り組むように促していくことが求められます。主に次の２つのやり方があります。

　「情報」的援助をする
　　課題への取組みや問題解決に役立つ情報，示唆，アドバイス，指示を出すことです。結果，児童生徒は取組みや問題解決に方向性を見出すことができるようになります。

「評価」的援助をする

　　取組み状況に対して，「基準との比較を示してあげる」「現状の継続で良ければ肯定してあげる」「取組みの支障となるポイントを個人的意見として示してあげる」などです。児童生徒は教師の評価を得ることで，行動を確認したり，修正したり，発展させたりできるのです。

　ポイントは，「教師が横の位置から考え方や情報を提供し，児童生徒がそれを参考に自分たちで考え，自分たちで取り組む」という形にもっていくことです。児童生徒がかなり迷っている場合には，教師が3つくらいの方法を選択肢として提案して，そのなかから一つを選ばせてもいいでしょう。「選択する」という形をとることで，「自分たちで取り組んでいる」という意識が強化されるからです。

「ゼロ段階達成後」指導行動のポイント（3）
個人のサポートを適切にさりげなく行う

　学級集団の成熟段階によって，重点的に個別サポートする対象となる児童生徒は異なります。

混沌・緊張期（「ルールの設定」の段階）
①孤立する児童生徒
小集団成立期（「ルールの定着」の段階）
①孤立する児童生徒
②リーダーとなる児童生徒を励まし，行動化を支援する
　　この段階では，①には他の児童生徒が自ら気づいてできるような，サポートをするのです。
中集団成立期（「ルールの内在化・習慣化」の段階）
①孤立する児童生徒
②リーダーとなる児童生徒を励まし，行動化を支援する

③集団を維持する児童生徒を支え,意欲づける
　　この段階では,①②には他の児童生徒が自ら気づいてできるような,サポートをするのです。

「ゼロ段階達成後」指導行動のポイント（4）
適切なポイントで児童生徒の意欲の喚起・維持を行う

　学級生活・活動の一年間のなかでは,児童生徒の意欲の低下が起こる時期がたびたびあります。それをそのままにすると,学級全体が沈滞してしまい,人間関係のギクシャクに繋がります。この時期に,単に叱責したり叱咤したり発破をかけたりするだけでは,落第です。
　この場合,児童生徒の対象への認知が固定・限定していて,その結果,意欲が低下しているので,児童生徒の認知の仕方を刺激することで,意欲を喚起します。
　児童生徒の認知の仕方を刺激する具体的な5つの方法を示します。児童生徒の意欲が低下しがちな場面と,その際の教師の対応をイメージしながら読み進めてください。なお,意欲的な行動が見えてきたら,ほめてその行動を強化するのも忘れてはなりません。

目的意識を刺激する
（場面：係活動の仕事を通り一遍のことしかやっていないとき）
　【対応】その仕事の目的や目標に立ち返らせて,児童生徒がいま行っていることの意味を高めて刺激する
　　　学級全体の目標,各係の目標と各人の役割や仕事内容の関連を説明し,すべてが意義のある活動であることを理解させます。児童生徒は自分の活動に追われたとき,その奥にある学級の目標を忘れてしまいがちになり,その結果,マンネリ感を抱き,意欲が低下するからです。
　【対応】貢献実感をもたせる
　　　学級全体に対する自分の貢献が見えないと,意欲の低下が

起こります。そこで教師は、「個々の係活動や役割活動がどのように学級全体に貢献しているのか」や、「『誰の』『どのような役割と』『どのように』繋がっているのか」などの具体的な実感をもたせることが必要です。定期的な認め合いの場を設定し、とくに、地味で目立たない取組みをしている児童生徒を全体の場でしっかり認めてあげることが大事です。

選択させて意欲を刺激する
(場面：教師にやらされているという感じで主体性が見られないとき)

【対応】選択する機会を増やす

　何かを選ぶという行為は、それ自体が意欲を向上させます。そこで、教師が適切な範囲で選択肢を提示し、児童生徒に選択をさせるのです。また、選ぶことでやらされ感が減少し、取組みに対する児童生徒の責任感や使命感が向上するのです。

自己効力感（できそうだという意識）を刺激する
(場面：高い目標がトーンダウンして、なげやりになっているとき)

【対応】下位目標を示して、その達成感から意欲を喚起する

　意欲は自ら定めた目標を達成したときに高まるものです。それを活用して、小さな目標を次々に達成させることで意欲を喚起し、最終的な目標を達成できるようにサポートするのです。その際、達成が実感できるように、小目標は数値化したり、具体的な達成ラインを示してあげるとよいでしょう。

【対応】現状の位置を評価して、その達成の意欲を喚起する

　山登りでは登山者が苦しくなる頃合いに、目印があります。登山者はこれを見て、「８合目まで来たのだから、苦しくてもあと少しがんばろう」と意欲が喚起されるのです。その原理を活用して、教師が客観的な評価を示し、「あとこれくらいだけど、いままでやってきたこのような君の実績ならできるよ」と、冷静に励ましてあげるのです。

時間のとらえ方を刺激する
(場面：本番が２か月後という先なので，現時点の練習をだらだらと取り組んでいるようなとき)
　【対応】長期的とらえ方に短期的とらえ方を示して刺激する
　　　短期目標（≒下位目標）を設定し，その短期目標を達成することが最終目標の達成に繋がることをしっかり理解させ，短期目標を達成するための具体的な行動を確認してから，取り組ませます。短期的な目標を示して緊迫感を与えるようにサポートして意欲を喚起するのです。
(場面：各単元の漢字や英単語，計算練習を要領よくすばやく終わらせ，それで終わったような気分になっているようなとき)
　【対応】短期的とらえ方から長期的とらえ方を示して刺激する
　　　例えば，「この学年で習う漢字や英単語は全部で○個あり，いま取り組んでいるのはその１／○で，大事なことは全部理解し定着することである」という道筋で理解させます。大きな目標を見出させながらサポートし，意欲を喚起します。

物事をとらえる枠組の大きさを刺激する
(場面：清掃活動を嫌々なげやりにやっているようなとき)
　【対応】狭いとらえ方から広いとらえ方を示して刺激する
　　　学級全体という視点からその役割の必要性を説明し，理解させます。自分の役割の仕事に意義が見出せるようにサポートし，意欲を喚起するのです。
(場面：リーダーに選ばれて，その役割と責任の大きさに戸惑い，何をしていいか手につかないようなとき)
　【対応】広いとらえ方から狭いとらえ方を示して刺激する
　　　まず役割の全体的な仕事の内容を，どの時期に何をどのようにすればよいかを細分化して示してあげるのです。そして，目先の１，２週間での具体的な行動内容を確認して，行動を促します。目先にやることが具体的になれば，集中して取り組めるようになります。

> 「ゼロ段階達成後」指導行動のポイント（5）
> リーダーを支えながら学級内の世論を建設的に方向づける

　大きな責任をもつこの段階のリーダーの児童生徒を側面から確実に支えることが求められます。また，それは学級内の世論を建設的な方向に維持することに繋がるのです。よくある状況として，全体活動で成果が出ないと児童生徒の欲求不満が高まり，リーダーや失敗をした児童生徒に対して学級内から不平や不満が噴出して，集団が崩れていきます。そこで，このような非建設的な学級内の世論に対して，建設的に方向づける対応が求められるのです。ポイントは次の2点です。

◎　**過去の失敗を悔いる・責めるだけの状態から，「今後に向けてどのような行動の仕方をとるべきなのか」へ，学級世論を導いていく**
　　　残念な気持ちを十分受け止め，この悔しさを再び味わわないように次にどうすべきかを，具体的に考える方向に向けます。

その際，次の流れが重要です。

◎　**失敗の原因の検討を「人」→「事」にテーマを導いていく**
　「人」を対象とした原因の検討
　　　○「どうしてリーダーはみんなと相談しないで学級の出し物を決めてしまったのか？」
　　　・「リーダーは自分勝手」などのリーダー非難が巻き起こる
　　　・「特定の人をいくら非難しても，物事は解決しない」
　「事」を対象とした原因の検討
　　　○「クラスの出し物を決めるのに，みんなと相談できなかったのはどんな理由があったのか？」
　　　・特定の人の非難から，みんなが事態を客観的に見ることができ，冷静に今後どうすればいいのか，みんなで考えることができるようになります

7 「自治的集団成立期」を達成した学級は…

　学級集団が＜第五段階＞を満たし自治的集団となっているとき，児童生徒は学級のみんなと親和的に主体的に活動するようになり，そのかかわり合いのなかで，自己を成長させていくのです。
　それは心理学の理論から考えると，次の点を満たしているからです。

◎人間は自分の興味あることを成し遂げた達成感の味を知ると，自主的に行動しようという意欲が高まり，主体的に行動するようになる
　→　自治的集団での学級生活は，児童生徒の生涯学習に繋がります
◎人間は人から受け入れられた・受容された喜びが満たされると，他の人を受け入れる余裕が生まれる
　→　自治的集団での学級生活では，児童生徒の自己受容・自己肯定感が高まるので，さらに他者を受容し交流が活発になります
◎人間は所属する集団（とくに好きな準拠集団）で「必要とされている」「集団に貢献できている」という喜びの実感を積み重ねると，命令や報酬がなくても自ら集団に寄与するようになる
　→　自治的集団での学級生活では，児童生徒の社会性が発達し，市民意識が育っていきます

　集団と個の発達をめざして，教師がより良好な状態の学級集団を形成するために，教師は最終的にめざす学級集団の状態を常に明確にイメージしながら，集団発達の段階に沿ってスモールステップで，確実に対応していくことが必要です。途中の段階に留まった集団は，児童生徒間にマンネリやなれあい，欲求不満からの非建設的な行動が生じ，必ず退行していきます。学級集団が一つの段階を達成したら，教師は指導行動を切り替えて，次の段階を学級集団が発達できるように，継続的に対応していくことが求められるのです。

8　6月に学級集団の状態をチェックしよう

1）指導のミスマッチによる集団の荒れに対応する

　筆者は長年Q-Uを用いて教師の学級経営のサポートをしています。そして，学級経営がうまくいかないのは，学級集団の状態と教師の指導行動のミスマッチがとても多いことを実感してきました。
　とくに次の2点が大きいのです。
　　①集団が退行し荒れ始めている兆候に気づかず，教師が指導行動を適切に方向修正できていない
　　②集団発達の移行期に教師が指導行動を適切に方向修正できていない
　集団を育成することには時間がかかりますが，退行し崩れる速度は早いというのが実感です。集団の崩壊・教育力の低下を防ぐ学級経営の進め方として，教師は次の2点を確実にすることが必要です。
　　〇学級集団の理解と学級づくりの方法論を身につける
　　〇学級集団の状態を把握する方法を身につける
　そして，学級集団の各発達段階に見合った具体的な指導行動のスキルのレパートリーを，増やしていくことが求められるのです。

2）どんな集団にも対応できる方法論をもつ

　新しくできた学級も，2～3か月も過ぎると集団としての様相を呈してきます。この時点で，教師は学級集団の状態をチェックすることが大事です。この時点で，①たとえ学級集団が望ましい方向に発達していなくても，②集団の発達の状態・移行期を知り，教師の指導行動や取組みを微修正することで，集団が満足型に向かうようにその後展開していくことも可能だからです。Q-Uをこの時期に実施する学校が多いのもそのためです。そして，学年団などで各学級の状態を検討していくわけです。第3，4章で，この時点での代表的な学級集団の状態を示し，その対応策のポイントを解説します。

第３章
ゼロ段階に留まっている「かたさの見られる集団」の突破

【こんな学級を予防・回復する】
・一見落ち着いた学級に見えるが，学級生活を送る児童生徒の意欲に大きな差がみられ，人間関係が希薄である。
・教師の評価を気にする傾向があり，児童生徒同士の関係にも距離がある。シラっとした活気のない状態で，学級活動が低調気味である。

第3章
ゼロ段階に留まっている「かたさの見られる集団」の突破

1　かたさの見られる集団のリスク

1）緊張，探り合い，対人評価……学級内の階層化による低成長

　静かに授業に取り組むのですが，発言する児童生徒が勉強のできる児童生徒に限られている，私語や手遊びなどをする意欲の乏しい一部の児童生徒がいるなど，このような学級集団では，児童生徒の間で意欲や学級での存在感に階層が生じている可能性が高いです。

　その原因として，学級内で活躍できる児童生徒，認められる機会が多い児童生徒とそうではない児童生徒の間に，承認感の偏りが生じていることが想定されます。ともすれば，活躍できず，承認感の低い児童生徒は，非建設的な方向に向かってしまうことが考えられます。

　いまのところは，30％位の意欲的な児童生徒の流れに，周りが引っ張られている状態ですが，少しずつその状態がほころび始めている段階です。

Q－Uでは右図のように発見されます。

2）反抗が激しくなって崩れる

　かたさの見られる集団の学級経営データを分析すると，学級経営の失敗パターンに共通の傾向が見られます。それは，知識や技能，基本的な生活態度をしっかり身につけさせようとする指導に，児童生徒が息苦しさを感じ，集団で教師に反抗するというものです。

　ふだんから厳しい雰囲気の学級で，学習指導と生活指導に教師の言動が偏り，その評価が前面に表れたとき，児童生徒は教師を「管理的！」と感じます。そして，教師の権威を児童生徒がまったく認めなくなったとき，学級は崩壊していきます。

　なかには，強い指導で最後まで押し通すことのできる教師もいて，児童生徒は一見整然と生活しているようにも見えます。しかし，このような学級では，実は学校生活の喜びや学習の楽しさを体験することが難しいのです。

2　リスクに繋がる象徴的なマイナス要因

　低調な状態から抜け出し，さらに成長するために，「かたさの見られる集団」に特有の，次のマイナス要因を認識することが必要です。

> ☆　学級の 70％以上が，「学級生活満足群」と「非承認群」にいる

> 　ルールに比重が偏り，リレーションが不足している

> 　大多数の児童生徒に「やらされ感」が見られる

3 突破口となる再検討ポイント

「かたさの見られる集団」は, ルールの定着 ＜第二段階（小集団成立期）＞に課題があり, 確実に達成することが求められます。

「かたさの見られる集団」での教育実践に臨む教師, および「かたさの見られる集団」になることが多い教師は, 2章で示した展開の中から, とくに次の点を再検討してみてください。

「かたさの見られる集団」の再検討ポイント1
ルールをきちんと守って行動している児童生徒を積極的にほめて, そのような行動を学級内に奨励していく

指導行動のここをチェック

CHECK! ほめる児童生徒が, 勉強ができる児童生徒, リーダー的な児童生徒など, 成果が見えやすい児童生徒, 目立つ児童生徒に偏っていませんか？

GOOD!! いい成果に結びつかなくても, 地道にルールに沿って行動している児童生徒こそ, その姿勢を認めてあげる

アドバイス

地道に取り組んでいる児童生徒, ふつうにやれている児童生徒に対して, 次の4点を心がけてください。

・「〇〇君, おはよう」など, 名前を呼んで, きさくに声をかけてください。
・「忘れずに係の仕事に取り組めているね」など, あたりまえにできていることを, 言葉にして認めてあげてください。

第3章　ゼロ段階に留まっている「かたさの見られる集団」の突破

・「宿題いつも忘れずにやっているね」など，目立たない児童生徒の地道な努力を，さりげなくほめてあげてください。
・ノート点検で書くコメントは，できる児童生徒よりも，努力している点を強調して多く書いてあげてください。

　リーダー格の児童生徒だけではなく，すべての児童生徒を教師は認めているということを，行動で示すのです。

「かたさの見られる集団」の再検討ポイント2
ルールが学級に定着するまでのルール違反には，その内容によって適切に確実に対応する

指導行動のここをチェック

CHECK! 単純なルール忘れを，厳しく注意しすぎていませんか？

GOOD!! 単純なルール忘れによるルール違反は，その場で事務的に指摘して，ルールに沿った行動をとらせる

アドバイス

　目的は，ルールを自主的に守ろうという児童生徒の意欲を喚起することです。そのために，次の3点を心がけてください。

・いきなり注意しないで，「あれ，何か忘れていないかな？」と，質問する形でルールを守ることを促してください。
・完全に忘れていたら，「〇〇というルールを守ろう」「見てるから早くやってしまおう」と，事務的に指摘して，行動を見守ってください。難しい状態なら，「先生と一緒にや

ろう」と，手伝いながらとにかく一通り行動させてください。
・注意した後，児童生徒がルールに沿った行動ができたら，そのことを「よくできました」位の言葉がけで，ほめてあげてください。

　大事なことは，いい学級をみんなで形成するために，みんなで決めたルールは，みんなが自主的に守るという意識をもたせ，それを行動化させることです。

「かたさの見られる集団」の再検討ポイント3
生活班，係活動のグループを積極的に活用し，ルールの定着を図る

指導行動のここをチェック

CHECK! 生活班や係活動のグループを，「反省会」の場としてしか機能させていないなど，ルール遵守の徹底の手段だけに活用していませんか？

CHECK! 減点法で，児童生徒を評価していませんか？

GOOD!! ルールの徹底，ルールに沿った行動の承認，の2つの要素をメンバー同士の相互作用で行う

アドバイス
　生活班や係活動のグループを，メンバー同士の認め合いの場として積極的に活用してください。その際，次の5点を心がけてください。

- 児童生徒の評価は，個人内評価の，加点法でするようにしてみてください。
- グループ活動の最後に，必ず全員の取組みが認められるような，振り返りの場を設定してください。
- 児童生徒の間で認められることの少ない児童生徒に対しては，教師がそのグループのそばで見守る形で，「○○さんは，〜がんばっていたね」と，周りの児童生徒に気づかせてあげてください。
- 目立たない児童生徒をしっかり認める発言をしている児童生徒を，「友達の隠れたいいところをしっかり見ていて優しいね」と，積極的にほめてあげてください。
- 役割交流のなかに，意識して児童生徒同士が楽しむことができるような，感情交流する場面を盛り込んでください。
- ルールに沿ったレクリエーション的な活動や学習ゲームを取り入れて，児童生徒同士にリレーションを実感させる体験を積み重ねていくようにしてください。

　グループの仲間は，能力の差はあっても，各人なりにがんばっていることを大事にする，その意識を育てるのです。
　また，グループの児童生徒同士で，他者と比べるのではなく，個人内評価をする意識を，育てるのです。

指導行動のここをチェック

CHECK! 特定の児童生徒に生活班・係活動の班長が集中し，他の児童生徒はそういう役割を経験する機会がない，という偏りが出ていませんか？

GOOD!! 定期的に生活班の役割，係活動の役割はローテーションする

アドバイス

　1学期の最初の時期こそ，すべての児童生徒に，班長の役割を与えて，責任意識を育ててください。そのために，次の3点を心がけてください。

・少し頼りないリーダーは，励ましながら，物理的にサポートしてあげてください。教師が陰の副班長のつもりで，リーダーの児童生徒が出した指示を，他のメンバーの児童生徒に確認したり，徹底したりする役割を，陰ながらしてあげてください。
・能力のある児童生徒が，少し頼りないリーダーを支える行動ができた場合は，個別に大いにほめてあげてください。
・グループの役割分担について，定期的に確認させて，みんなが助け合って，グループ活動ができるように支えてください。
・活動の節目などで，リーダーの児童生徒を立てる形で，振り返りの会を設定してください。

　ルールを設定したら，その後は一斉指導のみでやろうとするのは無理があります。ここからは，個人差を埋める教師の個別サポートの如何が，一斉指導を安定させる必要条件であることを肝に銘じてください。
　そのうえで，リーダーシップの取り方，フォロリーシップの取り方を，児童生徒に教える機会にしてください。

4 その後の学級集団づくり

　自主的にルールに沿って行動している30%の児童生徒に，中間派の児童生徒を巻き込んでいき，そのような児童生徒が学級の２／３になるようにしていくことが目標です。

　難しいのは，どのように中間派を巻き込んでいくのかということです。例えば，30%の児童生徒が独走しすぎては，残りの児童生徒は戸惑い，学級に所属感がもてず，日々の学級生活や活動に意欲的になれません。それが続くと，徐々に非建設的な行動をとるように流されていってしまいます。また，反主流派などのグループができる可能性もあります。それらのグループのほうが多数派になってしまったら，学級集団は退行・崩壊の方向に進んでいってしまうのです。

　ポイントは，中間派の児童生徒の意欲を喚起し，責任ある役割をとることを通して自信をつけさせ，自主的にルールに沿って行動している児童生徒を拡大していくことです。

　その際，みんなと同じような行動をとれない児童生徒を，全体のなかで，見せしめ的に叱責するのは逆効果です。逆に，全体の主体的にやっていこうという意欲を低下させてしまいます。そのような児童生徒には，個別に粘り強く，対応してください。

　全体には，きちんとできている点をほめる形で，ルールの定着を強化していくことが大事な段階です。

第4章
ゼロ段階に留まっている「ゆるみの見られる集団」の突破

【こんな学級を予防・回復する】
・一見，児童生徒が元気で自由にのびのびとしている雰囲気の学級に見える。しかし，学級のルールが低下しており，授業では私語があったり，係活動の遂行などに支障が出ている。
・児童生徒の間では小さなトラブルが頻発している。声の大きい児童生徒に，学級全体が牛耳られてしまう傾向がある。

第4章
ゼロ段階に留まっている「ゆるみの見られる集団」の突破

1　ゆるみの見られる集団のリスク

1）成果が積みあがらないことによる低成長

　授業中に私語や手遊びが見られたり，勝手な行動や発言をしてしまう児童生徒がいたり，児童生徒同士の間でトラブルが見られたりで，その対処に教師も振り回され，授業も落ち着いて展開することがやや難しくなっている，このような学級集団では，学級全体の活動も足並みが揃わず，成果も低調気味になっているのではないでしょうか。

　その原因として，学級のルールが定着していない，授業・活動などの基本的な行動スタイルが児童生徒の間で共有されていないことが考えられます。その結果，児童生徒の活動意欲がバラバラな方向に向かい，学級はざわついた状態になってしまうのです。

Q-Uでは右図のように発見されます。

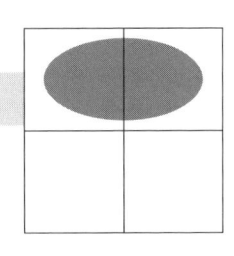

2) なれ合って崩れる

　ゆるみの見られる集団の学級経営データを分析すると，学級経営の失敗パターンに共通の傾向が見られます。それは，教師と児童生徒の仲がよいだけで，児童生徒同士は互いに他人のままで時間が経過し，小さなトラブルが積み重なって学級がバラバラになってしまうものです。

　このパターンは以前から小学校低学年に多く見られ，最近は，中・高学年以上でもよく見られるようになりました。教師が放任的な学級経営をしていたか，教師の意識的な働きかけが功を奏さなかった学級で起こっています。学級が，友達づきあいのうまくできない児童生徒，集団に参加できない児童生徒の集まりとなるのです。

　この場合，友達づくりや人間関係の基本を学ぶことが達成されないことになり，成長の際，その年齢に合った発達課題に向き合ううえでも，大きな影響を被ることが考えられます。

2　リスクに繋がる象徴的なマイナス要因

　低調な状態から抜け出し，さらに成長するために，「ゆるみの見られる集団」に特有の，次のマイナス要因を認識することが必要です。

☆　学級の70%以上が，「学級生活満足群」と「侵害行為認知群」にいる

リレーションはある程度あるが，ルールが不足しているために，小グループ内で人間関係を築くのみに留まっている

「学級としてまとまろう，向上しよう」という意識を喚起するはずの「意欲」「ほどよい緊張感」の低下が見られる

3　突破口となる再検討ポイント

「ゆるみの見られる集団」は，学級編成直後の段階である ルールの設定 ＜第一段階（混沌・緊張期）＞が不十分なままなので， ルールの定着 ＜第二段階（小集団成立期）＞がうまくできません。

「ゆるみの見られる集団」での教育実践に臨む教師，および「ゆるみの見られる集団」になることが多い教師は，2章で示した展開の中からとくに次の点を再検討してみてください。

（1）ルールの設定を補強する

「ゆるみの見られる集団」の再検討ポイント1
児童生徒の願いを取り入れた，「理想の学級」の状態を確認する

指導行動のここをチェック

CHECK! 理想の学級集団の状態が，児童生徒の間で曖昧になっていませんか？

GOOD!! 教師も自分の思いを自らの体験をもとに率直に話す

アドバイス

みんなで決めたことを，教師が代表して，節目節目の機会に，自分の言葉にして語ってあげてください。その際，次の3点を心がけてください。

・児童生徒を責める内容や言い方ではなく，「私はこうしたいと思っている」と，一貫して率直に語ってください。

- 話す際は，事前に話す内容を吟味して，自分の体験談やいまの思いを盛り込んで，2，3分位で簡潔に話してください。
- 話す際は，少しあらたまった雰囲気のなかで，話してください。

「先生は真剣に理想の学級集団をつくろうと思っている」という，教師の本気度を態度でも児童生徒に伝えるのです。

「ゆるみの見られる集団」の再検討ポイント2
学級目標を達成するためにみんなで守るルールを設定する

指導行動のここをチェック

CHECK! 学級のルールが「絵に描いた餅」や「たてまえ」位にしか，児童生徒に認識されていないのではないですか？

GOOD!! 集団生活にはルールが必要であることを，例をあげながら説明する

アドバイス

　学級のルールは，常に具体的な場面を取り上げて，児童生徒に実感できるように説明してあげてください。その際，次の3点を心がけてください。

- みんながルールを守って活動すれば，現在の学級のマイナス点がどのようによくなるかを，具体的にこうなると示して，説明してあげてください。

・学級でルールが守られなくなると，集団活動が低調になり，具体的にこのように生活しにくくなるということ，学級内に発生しているマイナス点がさらにこのようになるということを示して，説明してあげてください。
・全体に学級の問題点を指摘するときは，児童生徒の名前をあげないで，学級集団全体の問題として示してください。

　児童生徒一人一人に，当事者意識をもたせるのです。また，一人ぐらい手を抜いても大して変わらない，という意識を払拭するのです。

「ゆるみの見られる集団」の再検討ポイント3
教師もルールを守ることを約束する

指導行動のここをチェック

CHECK! 教師の日常の行動を見て，「先生も学級のルールをあまり重視していない」と，児童生徒から思われていませんか？

GOOD!! 意識してルールを守っていることを児童生徒に示す

GOOD!! ルールが守れなかったら，しっかりと児童生徒に「あやまり」，その責任をどのようにとるか説明し，行動する

アドバイス
　学級のルールを守ることを，言葉で言う前に，まず行動で示して伝えるようにしてください。その際，次の3点を心が

けてください。

・児童生徒がだらしなくなっていても，教師はしっかりやるということを，行動で示してください。
・「ちゃんとやりなさい」と児童生徒を注意する前に，「先生もやるから一緒にやろう」と促してください。
・教師と一緒に自主的に学級のルールを守る児童生徒を，一人一人増やしていこうという意識で，一歩一歩取り組んでください。

　きちんと学級のルールを守れる規律のある学級集団をつくるという教師の思いを行動でも伝えるために，教室内での具体的な振舞いが，児童生徒のモデルとなるようにするのです。

「ゆるみの見られる集団」の再検討ポイント4
ルールについて具体的なイメージがもてるように説明する

指導行動のここをチェック

CHECK! 何事も楽な形で済ませたい，という安易な思いが許される雰囲気が，学級にありませんか？

アドバイス

　児童生徒の安易な行動を見逃すのは優しさではなく，教師としての責任放棄であることを心に留め，安易な行動に対しては，厳しく叱責するよりも，すべきことをきちんと指導してあげてください。その際，次の3点を心がけてください。

・時間がかかっても，ルール違反はなぜダメなのかを，きち

んと具体例をあげて説明してあげてください。
・要領のよいルール違反が頻繁に見える場合には，全体の場で学級全体の問題として取り上げて，みんなにルールを作成した意味を説明してあげてください。
・ルール違反は，みんなの約束を破る行為で，「先生は残念に思う」という評価をはっきりと児童生徒に伝えてください。

ルール違反はみんなの約束を踏みにじる行為である，という学級の雰囲気をつくるのです。

（2）ルールの定着にも併せて取り組む

「ゆるみの見られる集団」の再検討ポイント5
ルールをきちんと守って行動している児童生徒を積極的にほめて，そのような行動を学級内に奨励していく

指導行動のここをチェック

CHECK! 学級内にルールを定着させる取組みが，児童生徒個々への個別対応に留まっていませんか？

GOOD!! ルールを守っている児童生徒が学級の30％になることをめざす

GOOD!! ルールが定着するまで，全体をほめるときにルールを絡めて説明する

アドバイス

ルールを児童生徒同士で自主的に守り合おうという学級の雰囲気を，高める取組みをしてください。そのために，次の3点を心がけてください。

・集団活動する際は，事前に全体で，ルールの確認と守ることへの意欲の喚起を，簡潔に行ってください。
・集団活動後は，振り返りの場を設定し，ルールを守って行動できていたかどうかの評価も，児童生徒相互でほめる形で実施してください。
・全体活動での成果，楽しかった体験の後は，教師のまとめの言葉のなかで，学級のルールに言及して説明してください。

　教師が学級のルールをしっかり定着させたいと考えていることを，定期的に語ることで，学級全体のルール遵守への意識を高めていくのです。

「ゆるみの見られる集団」の再検討ポイント6
ルールが学級に定着するまでのルール違反には，その内容によって適切に確実に対応する。小さいルール違反でも決して曖昧にしたりスルーしたりしてはならない

指導行動のここをチェック

CHECK! 小さなルール違反，やるべき課題の不履行を，今回は行事で疲れたからなど，特別だからということを理由にして許していませんか？

GOOD!! ルールの対応に例外をつくらない

アドバイス

　ルール違反をスルーすることは，最初は話がわかる先生ということで，一部の児童生徒に受けるかもしれませんが，そのようなことを続けると時間とともに徐々に教師の指示は通らなくなります。みんなで決めたルールは，大小にかかわらず，教師の特権で破るようなことはしないでください。そこで，次の3点を心がけてください。

・行事の後などで，みんなが疲れているときの掃除などは，先手で，やるべきポイントを全体に示して，「5分でやり切ろう」と意欲を喚起してから，取り組ませてください。
・児童生徒の小さなルール違反は，厳しく注意せず，見守る形で，もしくは一緒に手伝いながら，取り組むことを指示して，ルール通りやり切らせてください。
・活動後は，教師からの総括として，良かった点を十分に認めてから，今後がんばってほしい点を3つ以内で具体的に指摘する，という評価を確実に行ってください。

　規律は小さなところからほころびてくるという事実を肝に銘じて，小さなことでも，辛いときこそ確実にやる，という姿勢を児童生徒に見せることで，先生の取り組む意志の本気度を示すのです。
　穏やかな先生だけど，やるべきことはきちんとやる先生なのだというイメージを，児童生徒に認識させるのです。

「ゆるみの見られる集団」の再検討ポイント7
生活班，係活動のグループを積極的に活用し，ルールの定着を図る

指導行動のここをチェック

CHECK! グループ活動に，ルールの徹底，ルールに沿った行動の承認，の２つの要素を確立するための構成がなされていないのではないですか？

アドバイス

グループ活動には基本的な展開パターンをつくり，それを繰り返すところから始めてください。その際，次の３点を心がけてください。

・グループ活動の際は，展開の仕方はワンパターンでもいいので，一つ一つの取組みがマンネリ化しないような工夫をしてください。例えば，活動の前に基本的なルールを確認する，活動後にルールに沿って活動できたかの評価を短時間で行う，の２点を取り入れて，相互評価の機会とするのです。
・展開パターンの雛形を示し，取組みの時間も一定にすることでグループ活動の基本的な枠組みを整え，児童生徒がいちいち教師に言われなくても活動できるようにしてください。
・学級のルールがより理解され，それを「みんなで守り合おう」という意識が高まるように，「何をできればよしとするか」という評価の目安をみんなで決めてください。

教師の個別指導は，その広がりに限界があります。
いっぽう，生活班，係などで行うグループ活動には児童生徒同士によるルールの徹底，ルールに沿った行動の承認，の２つ作用があり，この作用を，ルールの定着に積極的に活用するのです。

指導行動のここをチェック

CHECK! 児童生徒個々の生活班の役割，係活動の仕事内容や責任範囲が曖昧になっていませんか？　みんなで確認されていないのではないですか？

GOOD!! 生活班の役割，係活動の仕事内容や責任範囲は，一つ一つみんなで確認する

アドバイス

　新しく決めた生活班や係活動では，児童生徒一人一人の役割，仕事内容や責任範囲は，必ずみんなで確認してください。その際，次の３点を心がけてください。

・みんなで確認するのは，一人一人のいいところを周りのメンバーがきちんと評価できるためであることを，しっかり説明してあげてください。
・ルールに沿った行動を促進するために，「みんなで意欲的に責任をもってやっていこう」という全体の意識を高めて，一人一人に「ルールは当然守らなければならない」という暗黙のプレッシャーを感じさせてください。
・まじめに取り組んでいる児童生徒を，適切に評価する場面を必ず設定してください。

　まじめに取り組んでいる児童生徒が，全体に埋もれずにきちんと評価されるように，生活班の役割，係活動の仕事内容や責任範囲は，学級全体で確実に確認し，一人一人の仕事や責任に匿名性が発生しないようにします。それが児童生徒一人一人の意欲や責任感の支えとなり，学級集団の建設的な活動が維持されるのです。

4 その後の学級集団づくり

　自主的にルールに沿って行動している30%の児童生徒に，中間派の児童生徒を巻き込んでいき，そのような児童生徒を学級の2／3になるようにしていくことが目標です。

　ここではっきりと認識しておくべきことは，「ゆるみの見られる集団」の状態にある学級は，まじめに取り組んでいる30%の児童生徒が，まじめに取り組むことが損をしたように感じる状態で，そこに対して教師が手を打たなければ，徐々にその児童生徒の意欲が低下していくということです。

　このような状態では，中間派の児童生徒は，非建設的な行動をしがちな1，2割の児童生徒に巻き込まれて，非建設的な行動をすることが多くなります。そうして非建設的な行動をする児童生徒が学級の多数派になっていくのです。

　そうなると学級内の規範は急速に崩れ，学級全体の前向きに取り組もうという意欲が低下し，学級集団は退行・崩壊に向かいます。

　ポイントは，まず，まじめに取り組んでいる30%の児童生徒の行動を，先生が積極的に評価し，学級内でも評価される雰囲気を形成していくことです。そのうえで，そのような児童生徒の行動に，中間派の児童生徒を一人一人巻き込んでいくのです。

　みんなと同じような行動をとれない児童生徒に対しては，個別に粘り強く，対応してください。

　全体には，きちんとできている点をほめる形で，ルールの定着を強化していくこと，かつ，今後の努力目標を具体的に示していくこと，が大事な段階です。

あとがき

　本文にも書きましたが，教師が学級経営に取り組む流れは，次のサイクルを地道に続けることです。

①学級集団の理解と学級づくりの方法論を確認する［前提］
②児童生徒たちの支援レベルと，学級集団の現状の状態・集団発達過程の段階のアセスメントを適切に行い，学級経営計画を立てる［計画］
③②に従って具体的に実践を展開する［遂行・実践］
④２，３か月後再び②のアセスメントをし，③を修正して取り組む［評価］

　私は長年②③④の教員研修に取り組んできました。しかし，本学の教職大学院で「学級経営の理論」の講義を担当するようになり，学部から進学してきた大学院生や，全国の現職の教師院生たちとかかわるなかで，①から取り組む必要性を痛感しました。
　なぜなら，学級経営の理論と方法論を体系的に学びたいという現職の教師院生たちがとても多いことと，そもそも「満足型の学級集団」を自分自身が体験してこなかったので，教師としてめざすどころか，イメージもできないという大学院生が少なからずいたからです。
　本書が，特徴的な学級集団制度を採用する日本の学校現場で活用され，教科学習と心の教育を統合的に展開する基盤となる学級集団を，より良好に形成することに少しでも寄与できたら幸いです。
　最後に，本書を出版する機会とたくさんの支援をいただいた，図書文化社出版部の佐藤達朗さんに，感謝の意を表したいと思います。

　2012年1月

　災害時こそ，児童生徒の居場所となる学級集団を形成しようと頑張る被災地の先生方の取組に，熱いものを感じながら

河村茂雄

▼△著者紹介△▼

河村　茂雄　早稲田大学教育・総合科学学術院教授

筑波大学大学院教育研究科カウンセリング専攻修了。博士（心理学）。公立学校教諭・教育相談員を経験し，岩手大学助教授，都留文科大学大学院教授を経て，現職。日本カウンセリング学会常任理事及び北東北支部長。日本教育心理学会理事，NPO日本教育カウンセラー協会岩手県支部長。論理療法，SGE，SST，教師のリーダーシップと学級経営について研究を続ける。主な著書に，『日本の学級集団と学級経営』『楽しい学校生活を送るためのアンケートQ-U［心理検査］』（以上，図書文化），『教師力』『教師のためのソーシャル・スキル』（以上，誠信書房），『若い教師の悩みに答える本』『教師のための失敗しない保護者対応の鉄則』（学陽書房）ほか多数。

学級集団づくりのゼロ段階
学級経営力を高める　Q-U式学級集団づくり入門

2012年2月20日　初版第1刷発行　［検印省略］
2025年1月20日　初版第17刷発行

著者　　　Ⓒ河村　茂雄
発行人　　則岡　秀卓
発行所　　株式会社　図書文化社
　　　　　〒112-0012　東京都文京区大塚1-4-15
　　　　　TEL：03-3943-2511　FAX：03-3943-2519
　　　　　http://www.toshobunka.co.jp/
装幀　　　中濱　健治
DTP　　　有限会社　美創
イラスト　絵仕事　界屋／中山　昭
印刷　　　株式会社　厚徳社
製本　　　株式会社　村上製本所

JCOPY　＜出版者著作権管理機構　委託出版物＞
本書の無断複写は著作権法上での例外を除き禁じられています。複写される場合は，そのつど事前に，出版者著作権管理機構（電話 03-5244-5088，FAX 03-5244-5089，e-mail: info@jcopy.or.jp）の許諾を得てください。
ISBN978-4-8100-1605-5　C3037
乱丁・落丁本の場合はお取り替えいたします。
定価はカバーに表示してあります。

河村茂雄の学級経営

学級経営についての研究を続ける著者が，学級集団制度に伴う，学校教育最大の「強み」と「危機」を浮き彫りにしながら，集団の教育力を生かす学校システムを生かす教育実践を提案します。

●入門編

学級づくりのためのQ-U入門
Ａ５判 本体1,200円+税

授業づくりのゼロ段階
Ａ５判 本体1,200円+税

学級集団づくりのゼロ段階
Ａ５判 本体1,400円+税

学級リーダー育成のゼロ段階
Ａ５判 本体1,400円+税

アクティブ・ラーニングのゼロ段階
Ａ５判 本体1,200円+税

●実践編

Q-U式学級づくり
小学校（低学年／中学年／高学年）／中学校
Ｂ５判 本体各2,000円+税

学級ソーシャルスキル
小学校（低学年／中学年／高学年）／中学校
Ｂ５判 本体2,400円〜2,600円+税

ここがポイント 学級担任の特別支援教育
Ｂ５判 本体2,200円+税

●応用編

学級集団づくりエクササイズ
小学校編／中学校編
Ｂ５判 本体各2,400円+税

授業スキル　小学校編・中学校編
－学級集団に応じる授業の構成と展開－
Ｂ５判 本体各2,300円

学級タイプ別 繰り返し学習のアイデア
小学校編・中学校編
Ｂ５判 本体各2,000円

学級崩壊 予防・回復マニュアル
Ｂ５判 本体2,300円

シリーズ 事例に学ぶQ-U式学級集団づくりのエッセンス
集団の発達を促す学級経営
小学校（低・中・高）・中学校・高校
Ｂ５判 本体2,400〜2,800円

シリーズ 事例に学ぶQ-U式学級集団づくりのエッセンス
実践「みんながリーダー」の学級集団づくり
小学校／中学校　Ｂ５判 本体各2,400円+税

主体的な学びを促す インクルーシブ型学級集団づくり
Ａ５判 本体1,800円+税

図書文化